D1750422

JOSEBA SARRIONANDIA

VON NIRGENDWO UND UEBERALL

Joseba Sarrionandia

Von Nirgendwo und Überall

Übersetzt und eingeleitet
von Ruth Baier

Verlag Libertäre Assoziation

Die Originalausgabe erschien 1985 unter dem Titel
Ni ez naiz hemengoa im Verlag Pamiela. 1991 folgte die spanischsprachige
Ausgabe im Verlag Hiru unter dem Titel *No soy de aquí*. Die deutschsprachige Ausgabe ist um einige Kapitel gekürzt.

© der deutschsprachigen Ausgabe, Hamburg 1995:

Verlag Libertäre Assoziation
Lindenallee 72
20259 Hamburg
Tel.: 040/4393666

ISBN 3-922611-43-5

Umschlaggestaltung und Illustrationselemente:
Dieter Kaufmann
Layout: Txakurak ez etc.
Belichtung: F1, Hamburg
Druck: Aktiv-Druck, Göttingen

Für die Genossen, die für die Unabhängigkeit
und die soziale Revolution kämpfen.

Vorwort

Mal wieder auf der Durchreise in Hondarribi. Zum Abschied drückt mir Eva Forest ein Buch in die Hand: »Nimm es mit, lies es!« Zwischen Tür und Angel, eben noch schnell, und ihre Augen glänzen, denn was sie in die Hände nimmt, kommt ihr aus dem Herzen. Ihr kleiner Verlag, *Argitaletxe Hiru*, verlegt wenig, doch mit viel Liebe.

Ni ez naiz hemengoa – so der baskische Originaltitel des Buches – ist ein literarisches Knasttagebuch, geschrieben von Joseba Sarrionandia, einem (ehemaligen) ETA-Gefangenen. Mit kurzen Essays, Aphorismen und Geschichten lädt es zum Lesen ein. Einmal begonnen, bin ich sogleich hineingezogen in diese leuchtende Vielfalt, die tausend neue Wege im Kopf eröffnet, Brücken schlägt zwischen unterschiedlichen Zeiten und Kulturen, zwischen verschiedenen Welten.

Noch eine Brücke schlagen, dieses Buch übersetzen und dem deutschsprachigen Lesepublikum zugänglich machen. Noch ehe ich das Buch zu Ende gelesen habe, spreche ich mit Freundinnen über diesen Gedanken und der Kontakt zur *Libertären Assoziation* wird geknüpft. Der kleine Verlag will die übersetzte Fassung verlegen, kann meine Übersetzerinnenarbeit jedoch nicht bezahlen. Dann dauert es eben länger, sage ich, und beginne mit der Übersetzung.

Auf der Suche nach Töpfen, aus denen wir meinen Lohn schöpfen könnten, entwickelt sich meine Teilnahme an einem Wettbewerb der Kulturbehörde Hamburg.

Ich kann es kaum fassen, als meine Arbeit, und somit die von Joseba Sarrionandia, prämiert wird. Hier ein Auszug aus der Begründung der Jury:

»Joseba Sarrionandia ist Baske und schreibt aus dieser Perspektive, zumeist auf baskisch, der unter Franco 40 Jahre lang

unterdrückten und fast ausgelöschten vorindoeuropäischen Sprache. Das bloße Vorhandensein seiner Literatur ist Teil eines in Gang gekommenen Erneuerungsprozesses dieser Kultur, einer Kultur, die städtisch und international war und durch den Verfolgungsdruck provinziell geworden ist und als deren vordringlichste Aufgabe es Sarrionandia begreift, den Anschluß an die verpaßte europäische Moderne zu vermitteln.

Exakt diesem Anliegen dient das vorliegende Werk, ein im Gefängnis geschriebener Versuch, sich eine ihm und seinem Volk vorenthaltene Welt schreibend und reflektierend anzueignen. Indem der gefangene Dichter die steinernen Mauern seines Kerkers denkend durchdringt, durchbricht er die Mauern des Vergessens, die sein Volk beengen.«

Mauern des Vergessens – doch auch Mauern der Vernichtung, aus stahlhart erdrückendem Beton, deren graue Wucht für die Repression, die »Politik der Angst« (Eva Forest) im Baskenland steht. Noch immer sind über sechshundert politische Gefangene auf die spanischen Gefängnisse verteilt. Systematische Folter, Verschwindenlassen und Todesschwadronen wurden von der Spitze der PSOE-Regierung – wie nun im Fall der GAL öffentlich geworden – organisiert und gedeckt.

Joseba Sarrionandia gelang es, diese so oft »durchdachten« Mauern hinter sich zu lassen. Im Juni 1985 flohen er und ein Mitgefangener während eines Rockkonzertes in Lautsprecherboxen versteckt aus dem Gefängnis von Martutene bei Donostia (San Sebastián).

Seit zehn Jahren lebt *Sarri*, wie er im Baskenland liebevoll genannt wird, an unbekanntem Ort. Seine Flucht wurde durch den gleichnamigen Song der Punk-Rock-Band *Kortatu* zur populären Legende. »Niemand weiß, wo er ist, doch alle warten voller Ungeduld auf seine Bücher«, sagt Bernardo Atxaga, ein über die Grenzen hinaus bekannter baskischer Schriftsteller. Die Lektüre seiner Texte wird so um die klammheimliche Freude über seinen schelmischen Ausbruch bereichert.

Über die Bedingungen, unter denen das Buch zustande kam, schrieb *Sarri* im Vorwort zur spanischsprachigen Ausgabe, die 1991 im Verlag *Hiru* erschien:

»Ende 1983 wurden wir aus dem Hochsicherheitsgefängnis von Puerto de Santa María verlegt, und nachdem wir in einem martialischem Konvoi der Guardia Civil transportiert worden waren, fanden wir uns in Herrera de la Mancha wieder, wo sie uns von neuem einer ›Spezialbehandlung‹ unterwarfen, ein Euphemismus, der die alltäglichen Schikanen und Zwangsmaßnahmen kennzeichnet, mit denen die Justizvollzugsanstalten versuchen, diejenigen Gefangenen, die als gefährlich eingestuft werden, kleinzukriegen oder ihnen zumindest Schaden zuzufügen. Und besonders bei den baskischen Gefangenen wird von jedem spanischen Vollzugsbeamten, der etwas auf sich hält, davon ausgegangen, daß sie, als Basken und Revolutionäre zugleich, doppelt gefährlich sind.

In dieser Situation brachte uns ein grundlegendes Gefühl menschlicher und kollektiver Würde dazu, gegen die Quälereien und Erniedrigungen, die uns zum Ziel hatten, Widerstand zu leisten, und die Antwort ließ nicht lange auf sich warten, denn sofort wurden wir mit der ganzen Bandbreite von Anordnungen und Strafmaßnahmen sanktioniert. Von jenem Februar 1984 an nahmen wir den direkten Widerstand gegen das Justizvollzugssystem auf und erhielten ihn unter Bedingungen von Isolation und Kontaktsperre mehr als zehn harte und endlose Monate lang aufrecht, bis wir erreichten, daß ein Teil der demütigendsten Anordnungen aufgehoben wurde, ein Teilsieg, der es uns ermöglichte, den frühen Winter damit zu beginnen, daß wir mit Beharrlichkeit der uralten Gewohnheit nachgingen, von einer Seite des Hofes zur anderen zu spazieren. Anjel Rekalde hat dieses Erlebnis in *Herrera de la Mancha* treffend und humorvoll beschrieben.

Ni ez naiz hemengoa wurde auch in diesem Zusammenhang geschrieben, von Januar an bis Juli. Obwohl ich die Form eines

Tagebuchs als Arbeitsmethode wählte, ist das Buch keine Chronik persönlicher oder gemeinsamer Begebenheiten, sondern eher ein Essay über das Entlegene. An den Ufern des großen Schweigens versuchte ich ferne Zeichen zu erspähen, so wie jemand, der sich in der Wüste verirrt hat, sich danach sehnt, das ferne und freie Rauschen eines Flusses zu hören.

Es kam ein Zeitpunkt, zu dem das Schreiben aufgrund der Verschärfung der Auseinandersetzung, der Isolation, durch Schikanen von seiten der Justizvollzugsbeamten und durch die drückende Spannung auf den vier Gängen der vier Trakte ganz und gar unmöglich wurde und auch fehl am Platz war. Das Buch kam zu einem Ende, während alles andere weiterging.«

Heute gilt Joseba Sarrionandia als einer der bedeutendsten baskischen Schriftsteller der Gegenwart. Er wurde 1958 in Iurreta, einem kleinen Dorf in Bizkaia, geboren und wuchs als Kind in einem baskischsprachigen Milieu auf. Nach dem Umzug seiner Eltern nach Durango, wo die vom Franco-Regime oktroyierte spanische Sprache und Kultur dominierte, vergaß er seine Muttersprache jedoch wieder. »Ich bin nicht von hier« – so die Übersetzung von *Ni ez naiz hemengoa* – erinnert an diese Erfahrung der Fremdheit und Unterdrückung. Lange Zeit galt das Euskara als eine Sprache »von Kindern und Hunden«, als eine minderwertige Sprache. In Reaktion darauf ging der Politisierungsprozeß von Joseba Sarrionandia zu Anfang der 70er Jahre einher mit der Rückeroberung der baskischen Sprache.

In einem Interview mit Eva Forest sagte er dazu: »Ich denke, daß der Kampf um die Wiedererlangung der Sprache eng mit der politischen Situation verknüpft ist, mit der Repression und der Rebellion, die durch sie produziert wird. Seit dem Prozeß von Burgos – ich war damals erst zwölf Jahre alt –, aber all meine Erinnerungen hängen mit der Repression zusammen, die damit einherging. Und ich denke, wenn wir damit begonnen haben, Euskara zu sprechen, so war es genau deshalb, weil wir gegen die Institutionen waren, und für die Solidarität mit den Gefangenen, die es damals schon gab, mit den Verhafteten, mit den Büchern, die verboten waren. Es war eine noch unschuldige Rebellion... Mit fünfzehn Jahren beginnen wir, zuerst unter uns im Freundeskreis baskisch zu sprechen und dann auch zu lesen und uns zu ›re-euskaldunisieren‹... Und dies geht mit dem Entschluß zu kämpfen einher; es war keine organisierte politische Arbeit, aber der Kampf war alles in einem: Man lernte Baskisch und solidarisierte sich mit den Arbeitern, und es gab eine Menge antifranquistischer und antirepressiver Bewegungen, und Baskisch zu lernen war ein weiterer Bereich dieses Kampfes.«

Nach dem Tod Francos verlangte die allmähliche Legalisierung des Baskischen Ende der 70er Jahre nach einer Erweiterung der Inhalte der literarischen Arbeit. In Bilbo gründete Sarrionandia gemeinsam mit den Schriftstellern Bernardo Atxaga, Jose Maria Iturralde, Jon Juaristi, Odorika und Manuel Ercilla die avantgardistische Gruppe *Pott*, die über unterschiedliche Ansätze hinweg der baskischen Literatur neue Perspektiven erschließen sollte, um sie aus ihrer provinziellen Beschränktheit zu befreien. Weltoffenheit, politisches Engagement und Lust am Experiment charakterisieren bis heute die Arbeiten Joseba Sarrionandias.

Die Übersetzungsarbeit war für mich eine Arbeit voller Freude und Genuß. Oft habe ich mir gewünscht, mit Joseba Sarrionandia zusammenzusitzen, vielleicht bei Bratapfel und Roséwein. Vielleicht nach der Farbe des Himmels fragend, in irgendeinem Dorf am Fuße des Berges Aitzurdintza. Oder mit ihm spazierenzugehen, vielleicht auf der Suche nach dem philosophischen Stein im Geröll von Atxarte. Doch bleibt uns allein der stille Austausch auf Papier. Aber die Unmöglichkeit der unmittelbaren Kommunikation, Ausdruck der Zwiespältigkeit einer Freiheit an unbekanntem Ort, erhöht zugleich die Intensität der Auseinandersetzung mit seinen Texten.

Voller Hoffnung, daß deine Sinne offen sind, die Subversivität zu kosten, daß das still Gelesene dich, geneigte Leserin, in deinen Träumen bestärkt, deine Suche in Schwung hält und dein Denken klar zum Klingen bringt, vertraue ich dieses Buch deinen Händen an.

Nicht ohne der Kulturbehörde Hamburg zu danken, die durch die Prämierung der Texte Joseba Sarrionandias und ihrer Übersetzung im Dezember 1993 das Entstehen der deutschsprachigen Ausgabe wesentlich erleichtert hat. Ebenso danken möchte ich der Schwarzen Katze Hamburg (Erwerbslosen- und Jobberinitiativen), LAB (linke baskische Gewerkschaft) und AEK (Koordination für selbstorganisierten Baskischunterricht) in Tudela und allen Genossinnen und Genossen, die diese Übersetzungsarbeit mit Zuspruch, Kritik und Käsekuchen, mit Arbeitswerkzeug oder einem Raum zum Schreiben unterstützt haben.

Ruth Baier, Tudela, im Juli 1995

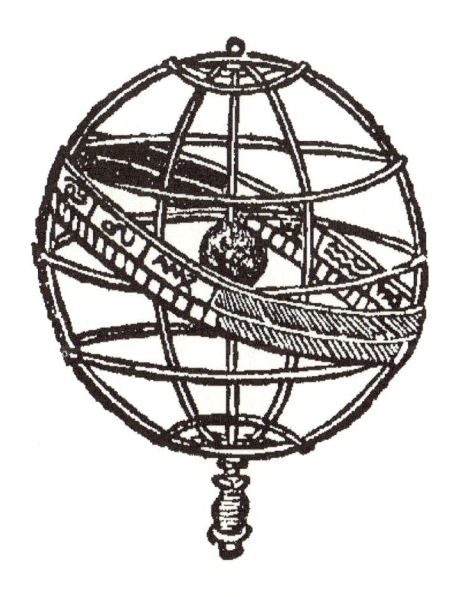

Warum schweigen,
die Gedanken ohne Stimme lassen
die Sinne ohne Wort?
Vielleicht weißt du es nicht:
Wenn du Stille säst
wirst du Vergessen ernten.
J. Bergamín

Unsere Gedanken gleichen einem Skelett.
Uns ist die hohe Kunst abhanden gekommen,
die Dinge mittels der Schönheit zu sagen.
P. Valery

Ich bin nicht mehr von hier;
kaum fühle ich mich noch
wie eine Erinnerung, die vorüberzieht.
Mein Vertrauen stützt sich
auf die abgrundtiefe Verachtung,
die ich für diese unglückselige Welt empfinde.
Ich werde ihr
das Leben geben,
damit nichts so bleibt, wie es ist.
F. Urondo

Das Schreiben und der Dogmatismus

> Selbst wenn ich Behauptungen aufstelle,
> frage ich noch.
> *Jacques Rigaut*

Roland Barthes sagte einmal, daß alles Geschriebene dogmatisch sei. Eben dieser Roland Barthes bestand auch darauf, daß der, der schreibt, niemals dogmatisch sei, sondern in Antithese zum Dogmatismus handele. Daraufhin wurde von der Zeitung *Tel Quel* die Frage an den Kritiker aus Baiona gestellt, wie diese beiden von Grund auf widersprüchlich erscheinenden Behauptungen miteinander zu vereinbaren seien.

Das geschriebene Werk sei immer dogmatisch, antwortete Roland Barthes, die Sprache würde immer dazu benutzt, Dinge festzuschreiben, auch wenn wir die Aussagen mit Hilfe der Rhetorik abschwächten. Der Schriftsteller sagt nur das, was er die Leuten glauben machen will, das heißt, er selbst wählt die Rolle, die er spielt, und nimmt seinen Platz in der Inszenierung ein, als bestiege er eine Kanzel. Sein Werkzeug ist die Sprache, und die Sprache läßt das Wandelbare erstarren, objektiviert Subjektivitäten, ist in ihrem Wesen dogmatisch und verschlossen, verharrt in der Form, die ihr gegeben wurde, selbst wenn der Schriftsteller sich bemüht, eine offene Sprache anzubieten, selbst wenn er in seiner Arbeit die Unparteilichkeit sucht. Die Unparteilichkeit der Dokumente, der abgeschlossenen Arbeiten ist oberflächlich und trügerisch, weil das geschriebene Werk sich endgültig festlegt.

Den Ausführungen von Roland Barthes weiter folgend, ist Schreiben auf der anderen Seite eine Tätigkeit, die über das geschriebene Werk hinausgeht. Schreiben heißt eben gerade, den dogmatischen Text offenzulassen, offen für die Welt, offen für jeden, und zu akzeptieren, daß die Leute mit den Texten arbeiten. Schreiben ist in dem Sinne undogmatisch, daß der Schriftsteller seine Arbeit offenläßt, damit ein anderer sie schließt, damit jeder andere sie benutzen und vervollständigen kann. Der Schriftsteller macht einfach nur einen Vorschlag, ohne die Antwort zu kennen. Das Schreiben ist eine grundsätzlich problematisierende und nachfragende Tätigkeit, bei der die Behauptungen, die der Schreibende festhält, letzten Endes Fragen sind, die dem Leser gestellt werden.

So erklärte Roland Barthes seinen scheinbaren Widerspruch. Der geschriebene Text an sich ist dogmatisch, Schreiben ist, notwendiger- und paradoxerweise, undogmatisch.

Wenn ich etwas behaupte, frage ich zugleich. Ich halte meine Reflexionen auf einem Blatt Papier fest und setze sie sogleich frei. Ich habe die Buchstaben auf meine Weise angeordnet, aber ich hoffe, daß du all den Freiraum, der in ihnen enthalten ist, in Anspruch nehmen wirst.

Ich glaube nicht, daß du in diesen Texten etwas finden wirst, wenn du nicht selbst etwas hineinlegst. Ich reiche dir eine Schale aus Ton, du bist es, der sie füllen muß.

(17. Januar)

Über den Geozentrismus

Für den Menschen, der von der Erde aus zum Firmament aufschaut, liegt es nahe, zu denken, daß die Sterne um die Erde kreisen. So meinten auch die alten Philosophen, daß das Firmament eine Art Kuppel oder Gewölbe sei, daß die Sterne an dieser Kuppel wie mit Reißzwecken festgesteckt hingen und daß die Planeten Sternen glichen, aber beweglich seien.

Die Erde war das Zentrum und die Basis des Universums, und die logische Schlußfolgerung aus dieser Sichtweise war, daß der Mensch in all dem die Hauptrolle spiele. Im Jahre 350 vor unserer Zeitrechnung bewiesen die griechischen Astronomen, daß Venus und Merkur um die Sonne kreisen, womit sie das geozentrische System in Frage stellten. Und schon im Jahre 280 vor unserer Zeitrechnung entwickelte Aristarchos von Samos eine heliozentrische Theorie. Doch er fand keinen Zuspruch, denn der Geozentrismus war tief verwurzelt im griechischen Denken. Zudem war klar, daß der Mond um die Erde kreiste. Deshalb mußten die übrigen Gestirne dies ebenso tun, und die Astronomen entwarfen wundersame Modelle, um zu beweisen, daß das ganze Universum um die Erde kreise.

Der Geozentrismus ist von großer Bedeutung für die Geschichte der westlichen Welt. Er gleicht einem roten Faden, der das westliche Denken in seiner gesamten Entwicklung durchzieht. Und der Geozentrismus bezieht sich auf den Anthropozentrismus, der Anthropozentrismus auf den Ethnozentrismus und der Ethnozentrismus auf den Egozentrismus. Das heißt, daß die Grundpfeiler des westlichen Denkens mit einer feststehenden Vorstellung des Universums verküpft sind.

Der Geozentrismus war eines der grundlegenden Dogmen des Christentums. Nach der jüdisch-christlichen Überlieferung schuf Gott die Welt – und die Gestirne um sie herum –, damit die Menschen auf ihr lebten und jeder einzelne von ihnen nach seiner Erlösung strebe. Die ersten Christen schufen eine besondere Form der Ethik, indem sie die Worte der Bibel aufgriffen und sie zur Grundlage einer sehr begrenzten Vorstellung vom Universum machten. Im Laufe der Zeit, als der Geozentrismus den Beweisführungen, die ihn widerlegten, nicht mehr standhalten konnte, verdammte der Klerus die astronomische Forschung, denn man befürchtete, alles, was den Geozentrismus angriff oder sich von ihm entfernte, könnte der Religion selbst gefährlich werden. Nichtsdestotrotz gelang Nikolaus Kopernikus im 16. Jahrhundert der Beweis des heliozentrischen Modells. Er wies nach, daß die Erde nicht das Zentrum des Universums war, daß sie sich bewegte und daß sowohl die Sonne als auch die Erde in der Unendlichkeit des Universums Nichtigkeiten waren. Sicher, er bewies den Heliozentrismus, doch wenn wir an Giordano Bruno oder an Galileo Galilei denken, wird deutlich, daß es viel Feuer, Blut, Konflikte und lange Polemiken kostete, bis der Heliozentrismus allgemein anerkannt wurde. Allen voran verbot die Römische Kirche bis zum Jahre 1832 die Veröffentlichung jeglicher Bücher oder Dokumente, die sich auf das heliozentrische Kosmosmodell stützten. Im besagten Jahr faßten die Kardinäle der Inquisition mit der Zustimmung von Papst Pius VII. den Beschluß, das Verbot aufzuheben. Letzten Endes wurde akzeptiert, daß die Erde nur ein kleines Gestirn im Universum ist, was jedoch nicht heißt, daß man den Geozentrismus abschaffte.

Die Ideen, zumindest die tiefergehenden, entwickeln sich nur langsam, und obwohl man den Geozentrismus in der Theorie schon überwunden hat, ist er noch immer verborgener Bestandteil unserer Vorstellungswelt. Der Geozentrismus und all die anderen Zentrismen bilden noch immer eine Grundlage des westlichen Denkens, und bewußt oder unbewußt machen wir, ohne lange zu zögern, das Unsrige, das Eigene zum Zentrum aller Dinge. Trotz allem ist es nicht selbstverständlich, sondern kulturell bedingt, davon auszugehen, daß es ein Zentrum gibt, und das Bild des Universums, welches daraus entspringt, leitet sich aus dieser irrtümlich eingenommenen Perspektive ab. Ebensowenig wie der Geozentrismus ist der Anthropozentrismus von der Bildfläche verschwunden, wir Menschen begreifen uns immer noch als Zentrum und Besitzer des Universums, alles messen wir nach unserem Maß und erlauben uns, die Natur und jedes Ding zu benutzen, wie es uns gefällt. Auch der Ethnozentrismus ist immer noch nicht überwunden, und heute, zu einer Zeit, in der die Erde immer mehr einem großen Dorf gleicht, werden aufgrund verschiedenster Formen nationaler Arroganz und Xenophobie die Beziehungen zwischen den Völkern der Welt immer konfliktreicher. Ebenso verhält es sich mit dem Egozentrismus, denn obwohl die Wissenschaft Schritt für Schritt beweist, daß das Universum kein Zentrum hat und daß es unendlich vielfältig ist, verhalten wir uns, als wäre unser Nabel der Nabel der Welt.

Der vorgeblich überwundene Geozentrismus und die anderen Zentrismen sind daher ein Thema, das von neuem überdacht werden muß.

(19. Januar)

Franz Kafka und das Mädchen

Stell dir Franz Kafka auf einer Straße Prags vor. Nein, es ist nicht Prag. Es ist eine andere Stadt. Stell ihn dir auf einer Straße Berlins vor.

Im November 1923 zogen er und Dora Dymant in eine andere Wohnung um: Grunewaldstraße 13, wo sie zwei Zimmer im Haus eines Arztes gemietet hatten.

Stell dir jenen Schriftsteller vor, schon angegriffen von der Tuberkulose, wie er an einem ruhigen, bewölkten Nachmittag die Straße entlangspaziert.

Ein Mädchen weint auf dem Gehsteig. Franz Kafka nähert sich dem Mädchen, das sein Gesicht hinter feuerroten Haarbüscheln versteckt. Sie weint, weil sie ihre Puppe verloren hat.

»Nein, du hast sie nicht verloren«, sagt ihr Franz Kafka.

Daß sie sie nicht verloren hat, daß sie nicht weinen soll, daß die Puppe auf Reisen gehen mußte und daß sie sich nicht von ihr verabschiedet hat, weil Abschiede traurig sind.

»Vor kurzem habe ich deine Puppe getroffen«, sagt Franz Kafka, »am Ausgang der Stadt, und sie hat mir gesagt, daß sie dir geschrieben hat.«

Stell dir das Mädchen vor, wie es sich die Tränen mit seinen kleinen Händen fortwischt. Das Mädchen schaut aus der Tiefe seiner blauen Augen den dunkelhaarigen Mann an, den fremden, seltsamen Boten.

Der Bote, Franz Kafka, geht in seinem schwarzen Anzug langsamen Schrittes die Straße hinauf, um sich an einer Straßenecke zu verlieren, wie der geheimnisvollste aller Boten.

Während der folgenden Wochen bekam das Mädchen die Briefe der Puppe, in denen diese ihr von einer außergewöhnlichen Reise erzählte, von Mal zu Mal von weiter fort.

(20. Januar)

Was ist die Hoffnung

Erinnerst du dich an jene Unterhaltung
über die Büchse der Pandora?
I. Portugal

Vor langer Zeit, so sagt man, mußten die Menschen, die auf der Erde lebten, nicht arbeiten, und es gab keine schweren Krankheiten. Bis zu dem Tag, an dem der große Zeus Epimetheus eine Frau namens Pandora schenkte. Epimetheus nahm das Geschenk an, ohne auf die Ratschläge des Prometheus zu achten, und dies sollte das Ende der glücklichen Zeiten sein.

Jene Frau, Pandora, öffnete die Büchse des Übels, und alle Plagen der Welt entwichen, frei, auf die Menschen zu treffen und das ursprüngliche Glück zu zerstören. Allein die Hoffnung konnte nicht entweichen und blieb in der Büchse zurück. Seither verbreitete sich die Pein über die Welt, über Länder und über Meere, bei Tag und bei Nacht; und allein die Hoffnung ist in der Büchse geblieben.

Doch was ist die Hoffnung? Es gibt in der griechischen Mythologie sehr unterschiedliche Auslegungen der Hoffnung, dieser Hoffnung, die noch immer in der Büchse eingeschlossen ist...

Einige Auslegungen betrachten die Hoffnung als das Gute, als ein Wohl, das der Menschheit erst noch zukommen soll. Doch es gibt ein Argument, das gegen diese Auslegung spricht, und zwar, daß die Hoffnung sich nicht in der Büchse des Übels befinden würde, wenn sie ein Wohl wäre.

Andere Gelehrte meinen, der Mythos der Pandora sei aus zwei ursprünglich verschiedenen Geschichten entstanden. Demnach gab es zwei Büchsen, die des Übels und die des Wohls, erstere wurde geöffnet, die zweite, die der Hoffnung, nicht. Die Verwirrung kam dadurch zustande, daß zwei verschiedene Geschichten miteinander vermischt wurden.

Nach der dritten Auslegung ist der Mythos der Pandora völlig einleuchtend: Wenn ihre Büchse die Büchse des Übels ist, ist die Hoffnung ein weiteres Übel. Die Hoffnung konnte nicht entweichen, und deshalb ist sie immer noch in der Büchse, ein weiteres den Menschen zugedachtes Unheil.

Für andere Philologen und Philosophen ist die Hoffnung nicht Hoffnung im übertragenen Sinn, sondern im eigentlichen Sinn, genau gesagt: das Warten. Die Hoffnung ist nichts als Warten.

(23. Januar)

Edward Lear

Edward Lear, seines Zeichens Maler und Schriftsteller und gleichen Namens wie der verrückte König, kam im Jahr 1812 in London zur Welt. Während seiner Jugend war er Angestellter des Zoos, um danach Zeichner des Grafen von Derby und seiner Söhne zu werden und um sich dann später, das Mittelmeer durchquerend, auf Reisen bis in den Orient zu wagen.

Das erste *Book of Nonsense* des besagten Edward Lear wurde 1846 veröffentlicht, und von da an gab er zahlreiche Lithographien, Erzählungen, Gedichte und schlichte *Nonsense*-Geschichten heraus, bis er im Jahre 1888 auf italienischem Boden starb. Die Zeit hat den Namen von Edward Lear in Verbindung mit dem von Lewis Carroll bewahrt. Beide haben einige Reisen in den Orient und eine gewisse beharrliche Orientierungslosigkeit gemeinsam. Wir Learisten und Carrollisten finden in beider Werke neue Formen, um neue Dinge zu sagen. Beim Lesen werden wir gewahr, daß Edward Lear in jener viktorianischen Pappmaché-Epoche die eingefrorenen Ausdrucksformen hinter sich ließ und versuchte, den Dingen, und vor allem der Sprache, einen anderen Sinn zu geben.

Der interessanteste Teil seines Werkes könnten vielleicht die *Limericks* genannten Reime und die dazugehörigen Zeichnungen sein. Einen *Limerick* macht man so: Man wählt eine Person aus und macht zwei lange Verse mit zehn oder zwölf Silben, die sich reimen, in denen man die Person vorstellt und ihre Eigenschaften beschreibt; des weiteren zwei Verse mit sieben oder acht Silben, die sich ebenso reimen und die Handlung beschreiben; der letzte Vers, der sich auf den ersten reimt, gleicht einem Epitheton, das die Person auf irgendeine Weise bewertet. Der Limerick war als Struktur schon bekannt und ist nicht von Edward Lear erfunden worden, weder der *Limerick* noch der sogenannte *Nonsense*, denn sie wurden gewöhnlich in der zweitrangigen Dichtung und Erzählkunst der viktorianischen Literatur verwendet, doch er vereinte beide miteinander und gab ihnen einen neuen Hinter-Sinn.

Durch das Zusammenbringen von *Limerick* und *Nonsense* entfloh Edward Lear, ein Zeichner, den man für verrückt hielt, der Welt der vorgefertigten Bedeutungen, um auf seinem Gebiet eine Nebenwelt auf der Grundlage von Bruchstücken der ersten und visionärer Spielereien zu schaffen. Auch Humor und Satire sind in seinem Werk zu finden, doch mehr alles andere sind die Personen seiner kleinen Reime Geschöpfe der Phantasie, die ihm zum Exil wurde, und finden darin ihren eigenen Sinn.

(24. Januar)

Einige Metaphern für den Akt des Schreibens

> Das Wort *Text* geht aus dem Wort *textus* hervor, Partizip Perfekt des Verbes *texo*, welches *weben* bedeutet: Der Text ist ein Gewebe verknüpfter Bedeutungen.
> *Roland Barthes*

Die erste Metapher für das Schreiben ist Weben. Sie taucht schon im griechischen Mythos der Philomele auf. Tereus vergewaltigt sie und läßt sie stumm im Wald zurück, und Philomele erzählt ihre Geschichte, eine Anklage des Verbrechens des Tereus, indem sie ein Tuch webt und es bestickt. Die Literatur ist dieses Tuch, ein Schutz gegen die Schmerzen, die uns das Leben zufügt.

Der Text, das sind in einer anderen Metapher die von den Vögeln am Himmel geflogenen Figuren. Der Himmel ist das Papier, auf dem sie im Vorüberziehen Buchstaben bilden.

Der Text, das ist in einer dritten Metapher der Fluß, der sich unaufhaltsam zum Meer hin bewegt. Der Brasilianer João Cabral de Melo hat wunderbare Gedichte über den Fluß geschrieben. Das ist es, was er im weltlichen Umherirren und in nächtlicher Verzagtheit sucht: einen Fluß, um dort zu schlafen.

Man kann, um eine weitere bekannte Metapher zu nennen, in Stein schreiben. In Stein schreiben meint, eine harte und widerständige Materie zu bearbeiten und ein dauerhaftes Werk zu schaffen. Gabriel Aresti ist der größte Steinmetz der baskischen Dichtung, die Stimme des Steins, der nicht vom Himmel gefallen ist. Auch Celso Emilio Ferreiro sprach aus seinem galicischen Stein.

Der Sand ist im Gegensatz dazu zerfallene Materie, ein Überbleibsel nur, das ohne Bestand ist. Leicht verwischen Wind oder Wasser das im Sand Geschriebene. Diese Metapher nimmt großen Raum in der Dichtung Bernardo Atxagas ein. Auch Nikolas Ormaetxea schrieb, das irgendwann einmal Geschriebene verlaufe sich im Sand, und niemand werde es je wieder zusammenfügen.

Auch in die Luft kann man schreiben, und der Wind trägt es fort. Dies ist die Metapher des *Bertsolarismus* – der Stegreifdichtung –, der mündlich überlieferten Dichtung und des Gesangs. Der Sänger Amancio Prada sagt, daß seine Stimme aus Luft ist, daß seine Gedanken aus Luft sind, daß seine Gefühle aus Luft sind, daß die Luft sein einziges Vaterland ist.

Im Bertsolarismus gibt es noch eine andere Metapher, und zwar in *Sidra* (Apfelwein) zu schreiben. In den alten *Sidrerías* öffnet sich mit jedem treffenden Wort ein neues Auge im Schaum, und der Geschmack eines improvisierten Verses inspiriert, von Glas zu Vers, den nächsten.

Man hat auch ins Wasser geschrieben. Ins Wasser schreiben die Meerjungfrauen an den Ufern der Flüsse oder des Meeres, mit geheimer Schrift, in Erwartung eines Jünglings mit weichem Herzen.

(25. Januar)

Die Nacht und ihre Kinder

Die alten griechischen Philosophen machten kaum einen Unterschied zwischen der Poesie und der Philosophie. Ein Beweis dafür ist zum Beispiel die *Theogonie* des Hesiod aus dem 9. und 8. Jahrhundert vor unserer Zeitrechnung.

Die Poesie und die Philosophie, die Mythologie und die Geschichte waren zu diesen Zeiten keine voneinander abgegrenzten Gebiete. In der von den Musen des Berges Helikon inspirierten Dichtung waren alle vier miteinander verflochten. Die *Theogonie* des Hesiod bietet in ihrem gesamten Verlauf faszinierende, poetische Genealogien. Besonders interessant sind zum Beispiel die Ausführungen über die Nacht und ihre Kinder. Die Nacht ist die Mutter des Tages, weil der Tag aus der Nacht hervorgeht. Die Nacht ist die Mutter des Todes, weil die Nacht und der Tod aus dem gleichen Material gemacht sind. Die Nacht ist die Mutter des Schlafes, weil der Schlaf der Bruder des Todes ist und nachts kommt. Die Nacht ist die Mutter der Träume, weil die Träume nachts kommen.

Die Nacht ist auch die Mutter der Hesperiden, weil die Hesperiden im Westen leben, dort, wo sich die Nacht verborgen hält, auf der Insel der goldenen Äpfel. Die Nacht ist die Mutter der Moiren oder Parzen, weil diese die Weberinnen des Schicksals und Verwandte des Todes sind. Auch Nemesis ist Tochter der Nacht, den Sterblichen zur Strafe. Und Eris. Zudem hat die Nacht die Welt geboren, die Klage, die Rache, das Alter, den Krieg und viele andere Söhne und Töchter.

Auch Mutter der Liebe ist die Nacht, denn nachts kommen die Liebenden im Bett zusammen.

Und die Nacht kommt und geht, in den Zeiten des Hesiod wie in den unsrigen, einer ewigen Mutter gleich. Schau, wie sie vorüberzieht, passiv und doch ausgedehnt, sie zieht gen Westen, leise, weiblich, unbewußt.

Sie zieht dahin und drückt Schlafmohn nieder, versetzt die Fledermäuse in Unruhe, von einem Mond geschmückt, der seinen Körper unmerklich verändert. Wunderschön, ruhig, unermeßlich, schweigend, melancholisch. Und obwohl sie gen Westen zieht, richtet sie den Blick immer nach Osten.

Sie zieht in schwarze Schleier gekleidet dahin und trägt ein mit Sternen besticktes Tuch. Zärtlich umarmt sie all ihre Kinder.

(26. Januar)

Ein episches Gedicht

10. Jahrhundert, byzantinisches Reich. In einem Kloster schreibt ein Mönch, Volkslieder und Legenden verarbeitend, ein episches Gedicht über einen Krieger der Grenzländer des Reiches.

Der Held heißt Basileios Digenes Akrites. Digenes, weil seine Herkunft väterlicherseits moslemisch und mütterlicherseits byzantinisch ist, und Akrites, weil er von der Landesgrenze stammt. Wie bei allen Helden hatten schon in seiner Kindheit Vorzeichen sein Heldentum angekündigt. Als er nur ein Jahr alt war, ergriff er mit seinen kleinen Händen ein Schwert. Mit zwei Jahren hielt er eine Lanze. Mit drei Jahren sahen die Leute ihn als Soldaten, er verließ das Haus, sprach mit jedem und hatte vor niemandem Angst. Mit zwölf Jahren erdrosselte er mit bloßen Händen zwei große Bären und enthauptete einen Löwen mit einem Schwert.

Später, als er der unbarmherzigste und berühmteste Krieger am Ort war, verliebte er sich in eine Jungfrau namens Eudokia, er raubte sie, und indem er auf diese Art und Weise die Erlaubnis der Familie erlangt hatte, verheiratete er sich mit ihr. Und weiterhin führte er an der Grenze Krieg, überstand jeden Kampf, erlag dem Zauber mancher arabischen Frau und weitete seine Macht über all jene weitläufigen Territorien aus.

Als sich ihm während eines Kampfes gegen die *apelatai* oder Grenzbanditen die Gelegenheit bot, nahm unser Held Maximo gefangen, eine wunderschöne Hauptfrau der Amazonen. »Ich bin eure Sklavin, denn der Kampf hat es so entschieden«, sagte Maximo zu unserem Helden Basileios Digenes Akrites und bedeckte dessen rechte Hand mit unterwürfigen Küssen. Und der Held, von Liebe überwältigt, legte sich mit ihr nieder.

Später fand der Held, geplagt von Reue und der Eifersucht seiner Frau, allein die schmerzliche Lösung, die Amazone zu opfern. Und ohne jegliche Zärtlichkeit bereitete er dem Leben der Geliebten, zu der er kurz zuvor noch »duftendes Licht« gesagt hatte, ein Ende.

Dann, nachdem viele Jahre vergangen waren, zog sich Basileios Digenes Akrites in sein Schloß an den Ufern des Euphrats zurück, um dort seine Tage zu verbringen. Er pflanzte auf seinen Ländereien, dem Ruhesitz eines Helden, Blumen jeder Art aus den entferntesten Winkeln der Erde; alle Wasser der Welt flossen in den von ihm gebauten Teichen; jede Vogelspezies der Welt holte er in seine Gärten, damit sie ohne Unterlaß sängen: »Ewiges Leben für Akrites!« Doch eines Tages wandelte sich der Gesang der Vögel, und statt »Ewiges Leben für Akrites!« begannen die bunten Vögel in ebenso hellen Trillern »Akrites wird sterben!« zu singen. Als Basileios Digenes Akrites das neue Lied vernahm, verließ er sein Zimmer in der Absicht, die Vögelein mit seiner Heldenkraft zum Schweigen zu bringen. Doch er fand nicht einen Vogel, das Lied »Akrites wird sterben!« verbreitete sich von selbst. Statt dessen traf er auf den Fährmann Charon. Aber bei diesem Zusammentreffen zwischen dem Helden und Charon unterlag der Held der Grenzländer.

Später, so etwa im 10. Jahrhundert, schreibt ein Mönch in einem Kloster, Volkslieder und Legenden verarbeitend, ein episches Gedicht über einen Krieger der Grenzländer des Reiches. Jedesmal, wenn ihm die Feder trocknet, schaut er durch das winzige Fenster zu den Grenzen hin.

(31. Januar)

Der Blick auf den Kalender

Ich schaue auf den Kalender: 2. Februar 1984. Sonnenaufgang: 7 Uhr 23. Sonnenuntergang: 17 Uhr 33. Erstes Viertel des Mondes in zehn Tagen. Ein armseliges Sprichwort und die Namen von drei oder vier Heiligen.

Die Sonnenstrahlen gelangen nur manchmal mit ihren zittrigen und flüchtigen Liebkosungen in die Zelle. Wolkengruppen ziehen vorbei, mit dunklen Bäuchen und weiß überzogenen Schultern. Der Wind treibt sie vor sich her, der gleiche kalte und hochmütige Wind, der sich an den Wänden des Gefängnisses zu schaffen macht und an einigen im Hof aufgehängten Kleidungsstücken zerrt. Alles geschieht auf der anderen Seite des Fensterglases.

Das Radio sagt, daß in Madrid tausend Polizisten auf der Suche nach dem Kommando sind, das letzten Sonntag einem General der Streitkräfte ein Ende bereitet hat.

Es ist drei Uhr nachmittags, wir sind in den Zellen eingeschlossen, und an anderen Fenstern sehe ich die eine oder andere dunkle Figur. Die Scheiben beschlagen nicht, denn drinnen ist es genauso kalt wie draußen.

Ich habe einen Brief von einem Flüchtling bekommen, der sich in der Kathedrale von Baiona im Hungerstreik befindet, und der, wie er im Brief sagt, nur noch Haut und Knochen ist.

Die Spatzen verstecken sich vor Kälte zitternd unter den Dachziegeln, dann schnellen sie wieder aufgescheucht in die Luft. Es ist nur ein kurzes Auffliegen, voller Angst, dabei die Federn zu verlieren.

Im Hof ist nichts, allein der Wind bewegt sich am Boden und rührt das Wasser in den Pfützen auf.

Heute beginnt im chinesischen Horoskop das Jahr der Ratte. Die Chinesen sagen, es wird ein Jahr des Konfliktes und der Veränderung sein, und da sie in der Mehrheit sind, haben sie sicher recht.

(2. Februar)

Das Argument des Gleichgewichts

»Die mythologische Darstellungsform, bei der Gegensätzliches in der Absicht, sowohl das eine als auch das andere abzulehnen, gegenübergestellt und abgewogen wird.« So definiert Roland Barthes die rhetorische Figur der doppelten Verneinung bzw. die Argumentationsfolge, welche aus der Antwort »weder das eine noch das andere« hervorgeht.

Weder-noch, diese doppelte Verneinung taucht oft in Diskussionen auf, die sich um Anschauungen drehen. Zum Beispiel neigt das Kleinbürgertum dazu, seine Position im Klassenkampf wie folgt zusammenzufassen: »Weder Kapitalismus noch Sozialismus.«

Worin besteht die Verlogenheit dieser zentristischen Position? Wie Roland Barthes eingehend ausführt, ist die Wirklichkeit für den Kleinbürger wie eine Waage. Den Kapitalismus wirft der Kleinbürger in eine der Waagschalen und den Sozialismus in die andere, beide sind schwer, einer so schwer wie der andere, sie sind analog, und aufgrund ihrer Schwere sagt der Kleinbürger zu beiden nein. Er bezieht außerhalb der Waagschalen Stellung, er macht sich, genau genommen, zum Zünglein an der Waage, er begreift sich als Schiedsrichter. Wenn der Kleinbürger das Argument des Gleichgewichts benutzt, beschreibt er in Wirklichkeit die Vorstellung, die er sich von seiner eigenen Person macht. Er hält sich selbst für den obersten Richter, und seine Urteilsfähigkeit, nach den Worten von Roland Barthes, für so unfehlbar wie eine Waagnadel.

Der Kleinbürger sagt: »Weder das eine noch das andere«, und bemerkt nicht, daß auch er sich auf dem Schlachtfeld befindet, in seiner eigenen Waagschale, wenn es überhaupt Waagschalen gibt. Warum geht er nicht seinen eigenen Weg und handelt in diesem Sinne, warum beugt er sich in letzter Instanz dem Kapitalismus oder dem etablierten System?

Der verneinende Schluß ist ein Weg, im Moment der Wahl nicht zu wählen und die Dinge so zu belassen, wie sie sind. Und dies ist das Wesentliche: die Dinge so zu belassen, wie sie sind. Der Zentrismus ist tröstlich. Man ist es leid, in einer verwirrenden und abstoßenden Wirklichkeit zu handeln, daher wird man zum Zünglein an der Waage, und man empfindet sich als unparteiisch und über den Dingen stehend, und damit hat es sich.
(3. Februar)

Das Argument der Verteufelung

Duae naves sunt Ierusalem et
Babyloniae; Paradisus et Aegyptus;
Abel et Cain; Iacob et Esau; id est,
congregatio vere poenitentium et
nefanda collectio saecularium. In
bis enim duobus omnes dividuntur.
Antonius von Padua

Neulich habe ich über das Argument des Gleichgewichts nachgedacht, nun denke ich an ein anders geartetes Argument, das die Welt in zwei klassifiziert, an das Argument der Verteufelung.

Der erste Schritt der Verteufelung besteht darin, die Welt in zwei Teile zu teilen. Es ist eine menschliche Eigenart, die Dinge in zwei Gruppen einzuordnen. Ich weiß nicht, welche Gehirnstruktur oder welcher kollektive Archetyp dieser Neigung zugrunde liegt, doch sie scheint weit verbreitet zu sein. Vor kurzem hörte ich, daß es in der Welt zwei Arten von Menschen gäbe: die Menschen, die ihr Schicksal in die Hand nehmen, und die, die vom Schicksal geformt werden. Man kann sich einen Zug vorstellen und so eine weitere Aufteilung der Menschheit vornehmen: einerseits diejenigen, die sich, um aus dem Fenster zu schauen, im Zug auf den Platz setzen, von dem aus man nach vorne schaut, und andererseits die, die sich auf den Platz setzen, von dem aus man zurückschauen muß. Die Verteufelung entspringt nicht der Zweiteilung an sich, man kann tausend andere Einteilungen vornehmen, wenn man davon ausgeht, daß sie willkürlich sind. Letzten Endes könnten wir auch zu Folgendem kommen: Es gibt zwei Arten von Leuten – einerseits die, die die Leute in zwei Kategorien aufteilen, und andererseits die anderen.

Zurück zum Thema der Verteufelung: Die Zweiteilung der Welt oder der Dinge, diese Simplifizierung und Duplizität, setzt einen Gegensatz zwischen beiden Teilen voraus. Mehr noch, der Gegensatz zwischen diesen beiden Teilen ruft den zwischen ihnen entstehenden Konflikt hervor. Für den, der die Welt in zwei Teile teilt, ist auf gewisse Weise einer der Teile der gute und der andere der schlechte, einer seinem Wesen nach gut und der andere seinem Wesen nach schlecht.

Der Heilige Antonius von Padua teilte alles in zwei Teile, zum Beispiel: einerseits Jerusalem und andererseits Babylon, einerseits das Paradies und andererseits die Wüste, einerseits Abel und andererseits Kain, einerseits Jakob und andererseits Esau. Das heißt: auf der einen Seite die Guten und auf der anderen Seite die Schlechten.

Diese Sichtweise war nicht nur im Mittelalter weit verbreitet, man findet sie auch in der gesamten jüdisch-christlichen Zivilisation und vielleicht auf der ganzen Welt und quer durch die Geschichte. Der Manichäismus und die Verteufelung scheinen in unseren Denkstrukturen tief verwurzelt zu sein, so hartnäckig ist die Neigung, sich der guten Seite zugehörig zu fühlen und die perverse, irrationale, bockbeinige, unmoralische, unbequeme, terroristische und abscheuliche Seite zu verdammen.

Während das Argument des Gleichgewichts für das Kleinbürgertum oder die Intellektuellen charakteristisch ist, zeigt sich der Manichäismus bei Leuten, die nicht besonders aufgeklärt sind. Und er steigert sich in konfliktreichen Zeiten, wenn das Licht der Vernunft abnimmt und dazu neigt, schlagartig zu erlöschen. In der Auseinandersetzung zieht man in dem Maß, wie die Leidenschaften Oberhand gewinnen und die allumfassende Sympathie durch allgemeine Abneigung ersetzt wird, eine klare Grenze. Es gibt keine Vermittlung, und man verteufelt den anderen Teil, der schlecht ist, weil er der andere ist. Wir sind Jerusalem, sagt man, alles andere ist Babylon.

(5. Februar)

Die vier Reiter der Apokalypse

Ein Holzschnitt Albrecht Dürers zeigt ein Sinnbild der Zerstörung und des Endes der Welt: die vier apokalyptischen Reiter, also der vierte Holzschnitt aus der Folge, die zur Illustration der Offenbarung des Heiligen Johannes gefertigt wurde. In dem Bild wird die erste Hälfte des 6. Abschnitts beschrieben. Nach den Schriften des heiligen Apostels Johannes entspringt, als das Lamm die Siegel bricht, jedem von ihnen ein Reiter.

Ein Pferd und ein Berittener mit Bogen und Krone aus dem ersten Siegel: *Der Sieger*. Dem zweiten Siegel entspringt ein rotes Pferd, und das Ziel seines Reiters ist es, den Frieden von der Erde zu nehmen und zu bewirken, daß die Menschen sich gegenseitig töten, er trägt ein Schwert, es ist *Der Krieg*. Aus dem dritten Siegel geht ein schwarzes Pferd hervor, und sein Reiter trägt in der Hand eine Waage: *Der Hunger*. Aus dem vierten Siegel schält sich ein fahles Pferd, und der Reiter heißt *Die Pest*, nach ihm kommt der Tod. Jeder Reiter erhielt Befehlsgewalt über ein Viertel der Erde.

Zahlreiche Graveure haben diesen Teil der Apokalypse abgebildet. In den meisten Fällen erschien jeder Reiter, wenn er den Ruf vernahm, um Zerstörung auf der Erde zu säen, doch

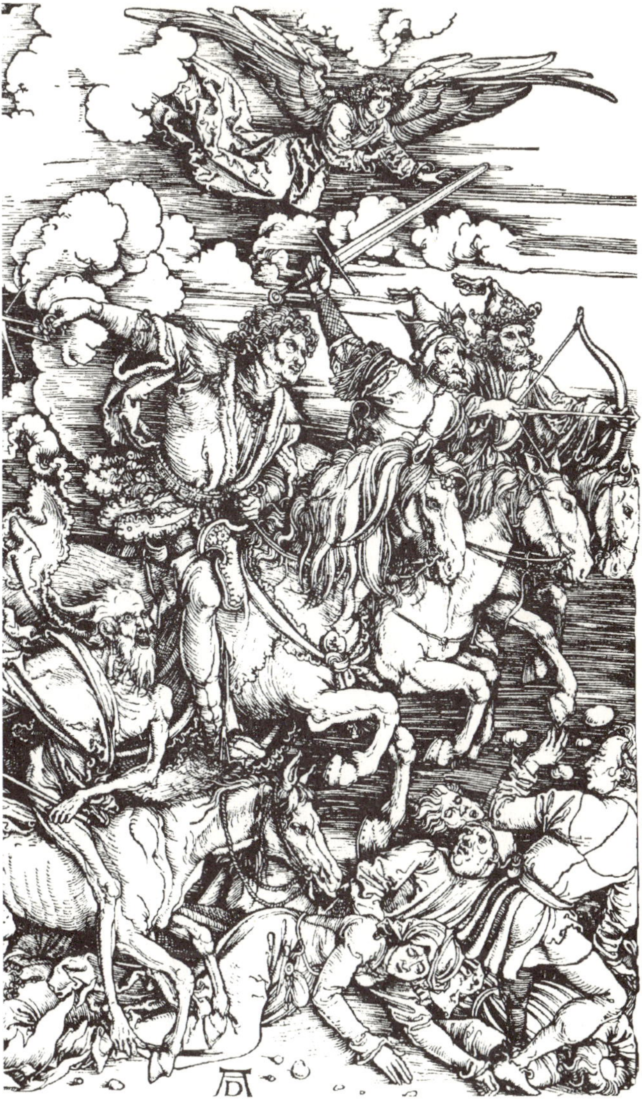

jeder einzeln. Albrecht Dürer war der erste, zumindest unter den bekannten, der die vier Reiter nebeneinander abbildete und sie, ein furchtbares Heer bildend, im Trab vereint darstellte. Von einem Engel wurden sie gerufen, und hier sind sie, im Galopp, atemberaubend, darauf aus, das schutzlos Menschliche zu zerstören. Der König, die Frau, der Bürger sind ohne Gegenwehr gefallen. Die feurigen Rosse rücken ohne Erbarmen und Mitgefühl vor. Ihre Hinterläufe sind nicht zu sehen, so daß wir nicht wissen, woher sie kommen. Auch sieht man nicht, worauf die Augen der Kavalkade gerichtet sind.

(7. Februar)

Über Errata

»Was ist *zutate*?« fragt mich ein Freund.

»*Zutate*?« frage ich zurück. Er liest gerade *Das wüste Land* des Dichters T.S. Eliot, in einer baskischen Übersetzung.

»Man merkt, daß es gut ist«, sagt er und zeigt mir dabei die Titelseite, »aber ich verstehe kein Wort.«

Ich lese die Zeile, die er mir zeigt: »Zutate Irreala«.

»Es heißt nicht zutate«, sage ich ihm, »dort müßte *ziutate* (Stadt) stehen.«

Es ist nichts als ein kleiner Druckfehler, die sich häufig in die undankbaren Produkte des Druckereihandwerks einschleichen. Der Leser kann, mit etwas Phantasie, raten ...

Danach legt mein Freund das Buch zur Seite, und ich lese *Das wüste Land* einmal mehr. Madame Sosotris hatte eine starke Erkältung. Aber statt des »Katarrhs« lese ich *kararro*, was es im Baskischen nicht gibt, aber irgendwie pervers klingt.

Ein anderer kleiner Druckfehler. Sie pflegen sich wie Mäuschen ins Gedruckte zu schmuggeln. Es gibt noch mehr, zum Beispiel steht, wo es *belarri* (Ohr) heißen muß, *balarri* (Wort ohne Sinn im Euskara).

Es macht nichts, ich denke an das Buch *Ulysses* des Meisters James Joyce. Man sagt, daß es in der Ausgabe, die bisher als Vorlage diente, 5.000 Druckfehler gibt; das ist tröstlich. Zum Beispiel heißt es »The paper the beard was wrapped in«, also: »das Papier, in das der Bart eingewickelt war«, aber dieser »beard« ist nichts weiter als ein Druckfehler, James Joyce schrieb »the paper the bread was wrapped in«, also: »das Papier, in das das Brot eingewickelt war«. Sicherlich ist »bread« nicht »beard«, doch das Wortspiel ist verlockend ...

Beim Weiterlesen von *Das wüste Land* springt mir ein weiterer Druckfehler ins Auge. Eine Frau hat Tabletten genommen, um abzutreiben. Aber der Druckteufel hat die Tabletten (*pastilengatik*) in Törtchen (*pastelengatik*) verwandelt, und aus einer Schwangerschaft wird so eine Fettleibigkeit.

Und um dem Gedicht einen Hauch von Surrealismus zu verleihen, bilden die gedruckten Buchstaben anstelle von *potin*, anstelle des Brunnens, aus dem im Ödland Wasser geschöpft wird, das Wort *patín*: Schlittschuhe.

Und die Gedanken entgleiten auf Schlittschuhworten.

(8. Februar)

Über die historische Literatur

Es ist interessant, darüber nachzudenken, warum historische Literatur geschrieben wird, warum ein Schriftsteller von heute sich weit entfernten Epochen zuwendet, anstatt beim Zeitgenössischen zu bleiben.

Die Vergangenheit läßt sich besser und leichter fassen und belegen als die Gegenwart. Wir haben eine schematische Vorstellung von der Vergangenheit, und wir meinen, mittels der Distanz eine Fiktion von größerer ethischer und ästhetischer Wahrhaftigkeit zu schaffen als mit den wirren und unfertigen Situationen, die uns betreffen. Die Vergangenheit ist beständiger, klarer und – paradoxerweise – leichter nachzuvollziehen, zumindest erliegen wir der Illusion, daß das weit Zurückliegende verständlicher ist als das alltäglich Gegenwärtige.

Zweiter Grund. Wir halten uns für Kinder der Vergangenheit, und wir stützen unser jetziges Bewußtsein auf längst überholte Gruppenzugehörigkeiten, auf den Geist unserer Vorfahren aus transparenteren Zeiten. Oft wird historische Literatur – die Vergangenheit mystifizierend – geschrieben, um das kollektive Bewußtsein zu stärken. Eine der kulturellen Komponenten eines jeden Nationalismus ist genau diese historische Literatur, in der das als Geschichte Bezeichnete ins Gedächtnis gerufen, zum Vorschein gebracht und erfunden wird.

Es gibt auch einen auf den Leser bezogenen Grund. Wenn die Sprache des Schriftstellers und die der Gesellschaft, in der er lebt, sich nicht entsprechen, führt das beim Leser zu einer Mißstimmung. Wenn die Welt, die der Schriftsteller beschreibt, nicht glaubhaft ist, wenn sie ein falsches oder armseliges Bild der Realität abgibt, merkt der Leser es sogleich und lehnt den Text ab. Wer über das wirkliche Leben schreibt, braucht ein Thema, einen Stil und eine moderne und glaubwürdige Ausdrucksform, will er erreichen, daß der Leser sich ohne Vorbehalte auf seinen Text einläßt. Die historische Literatur schafft ebenso wie die fantastische Literatur einen Freiraum, um den Anforderungen und dem Druck der Gegenwart zu entfliehen. Indem er die Geschichte im 4. Jahrhundert ansiedelt, von einem imaginären New York erzählt oder sich irgendeine Utopie ausdenkt, ist der Autor freier, weil er einen höheren Wissensstand hat als der Leser seines Werkes.

Und der letzte, vierte Grund ist, daß manche Figuren, Ereignisse und Anekdoten als Bezugspunkt dienen, als historische oder kulturelle Vorbilder und Modelle. Prometheus zum Beispiel erscheint in der griechischen Literatur, danach in der römischen Literatur, in der mittelalterlichen Literatur, in der Renaissance, in der Barockliteratur, in der Romantik und bei den Avantgarden unseres Jahrhunderts. Wenn wir – statt eine neue Figur zu ersinnen – die Figur des Prometheus nehmen, haben wir ein schon bekanntes Modell als Ausgangspunkt. So wie das zuvor erwähnte Unwissen des Lesers den Autor bezüglich seiner Glaubwürdigkeit begünstigt, ist es in diesem Fall das Wissen des Lesers, welches dem Autor Vorschub leistet.

Das Beispiel von Prometheus bezieht sich auf die Mythologie, doch für die Geschichte gilt das gleiche. Wenn wir eine Erzählung über den alten Pierre Topet Etxahun schreiben, informiert uns das Thema selbst über die Person, über ihre Umgebung, es ist nicht nötig, sich damit aufzuhalten, bei Null anzufangen, wir haben eine feste und ausgedehnte Grundlage von Allgemeinwissen, auf der wir die Erzählung aufbauen können.

(10. Februar)

Das Ungeheuer der Herberge

(Eine Geschichte erzählt von P´u Sung-Ling, einem Greis, der vor der Kälte des Winters floh und keinen Schutz unter den Bäumen fand.)

Der frisch beförderte Beamte Chu Chao war von seinen Vorgesetzten aus der Hauptstadt in abgelegene Landstriche des Imperiums gesandt worden, und dort ging er hin. Eines Tages während der Reise, zur Abenddämmerung, zur Stunde, in der auch die Blumen sich zurückziehen, gelangten Chu Chao und seine Familie zu einer Herberge und hielten in der Absicht, dort die Nacht zu verbringen, an.

Doch die Herberge war geschlossen. Sie fragten, warum sie geschlossen sei, und bekamen zur Antwort, daß darin ein furchtbares und grausames Ungeheuer lebe, welches sich an den Reisenden, die die Herberge beträten, räche und ihnen ein Ende bereite. Der Beamte Chu Chao, der aus der Stadt kam und gebildet war, glaubte diesen Ammenmärchen nicht und wagte zu behaupten, daß er das Ungeheuer vertreiben würde.

Er betrat mit seiner Familie das größte Zimmer der Herberge. Die Ehefrau, die Kinder und die alten Diener breiteten Decken aus und legten sich zum Schlafen nieder. Er, der Beamte Chu Chao, setzte sich neben die Tür, mit seinem langen, doppelschneidigen Schwert auf den Knien und einer brennenden Kerze zur Seite. Die Flammen vergoldeten mit sanftem Flackern die Ruhe des Zimmers, während die Frau und die Kinder im Halbdunkel schliefen. Die Kerze verzehrte sich in stiller Klage, und auch der wachsame Reisende schlief ein.

Chu Chao empfand eine Angst in seinen Träumen, die er niemals zuvor wach empfunden hatte; er bewegte sich. Mit einem Mal fiel das Schwert von seinen Knien auf den Boden, und der Mann erwachte, umzingelt von metallischem Getöse, unbewaffnet und im Dunkeln. Erschrocken machte er einen Schritt, stolperte über das Schwert, nahm die Waffe in die Hand und faßte mit der Waffe mühsam Mut. In der Dunkelheit vernahm er aus der Tiefe des Zimmers das Grollen des Ungeheuers, und mit klopfendem Herzen stürzte er vor. Wiederum vernahm er ein haarsträubendes Grollen, und im Halbschatten erahnte er ein schuppiges Ungeheuer, welches zwölf furchterregende Arme nach ihm ausstreckte, und sein Schwert schwingend schlug er ein ums andere Mal mit all seiner Kraft zu.

Aus dem Ungeheuer brach ein schrecklicher Todesschrei hervor, und der Beamte Chu Chao schlug von neuem zu. Mit einem Mal stieß das Ungeheuer, einem zerbrechenden Spiegel gleich, tausend verschiedene Schreie und Geheul überall im Zimmer aus. Von fünf verschiedenen Seiten griff das Ungeheuer nun an, als hätte es sechs Köpfe, aber Chu Chao wich keinen Schritt. Mit einem Schwertschlag hub er eine Art Tigerkopf ab, und etwas, das einer Schlange glich, und einen Körper wie den eines Krokodils teilte er in zwei, und er schlitzte eine Art Fuchs auf und stutzte Schwingen, die von einem Geier zu sein schienen, und enthauptete einen riesigen Fischkörper in erbarmungslosem Kampf bei völliger Dunkelheit.

Und als die Schreie des Ungeheuers verebbten, setzte sich der Beamte Chu Chao, zitternd und in kaltem Schweiß gebadet, daselbst hin. Er hatte keine Kraft mehr, noch nicht einmal, um herauszugehen, und er wartete, und später hörte er den Hahnenschrei, und daselbst wartete er auf den Sonnenaufgang.

Durch das Fenster sandte eine gleißende Sonne ihre Lichtstrahlen in das Zimmer. Der Beamte Chu Chao, der langsam wieder seine Kräfte sammelte, sah um sich herum alles mit Körperfetzen übersät, zwischen denen er unter dem Tisch den vom Hals getrennten Kopf seines Töchterchens erkannte.

Und Chu Chao, der Ohnmacht nahe, verließ das Zimmer, die Herberge und schrie nach seiner Familie und schrie nach seiner Familie.

(11. Februar)

Zeit, das Licht auszumachen

Abends, wenn sie die Zellen schließen, mache ich das Radio an, und Radio Nacional de España ertönt. Mit unverhoffter Musik von Benito Lertxundi – es ist ein Programm über die Gewalt im Baskenland. Sie interviewen einen Abschwörer: »Was begegnete dir als erstes, als du die Grenze überquertest?«

»Vielleicht der Polizist, den ich beim Zoll traf, ich grüßte ihn, und er lud mich ein, im Dorf ein paar Gläschen trinken zu gehen.«

Und man hört ein paar Verse von Xabier Amuriza, gesungen von Imanol. Danach bringt das Radio die Nachricht, das Julio Cortázar gestorben ist. Ich erinnere mich an alte Lektüren, *Rayuela*, Erzählungen, vor allem die Erzählungen, Gedichte, Essays. Und auch Übersetzungen wie die Version eines kleinen Epitaphs des Kaisers Hadrian:

»Schmeichelseele, rastlos wandernd, als du noch des Leibs Genoß warst; in welch Land wirst jetzt du reisen, starr und nackt, voll Todesblässe? Nun hat all dein Scherz ein Ende.«

Ich durchblättere nochmals eine vor einiger Zeit geschriebene Geschichte. Sie beginnt so: »Die Welt ist von einer weißen und unendlichen Schneedecke überzogen.« Ich ändere sie, und es wird zu: »Die Welt erschien durch den Schnee wie ein ungeschriebenes Buch.«

Halb zwölf, der Beamte brüllt von der anderen Seite der Tür, daß es Zeit sei, das Licht auszumachen.

(12. Februar)

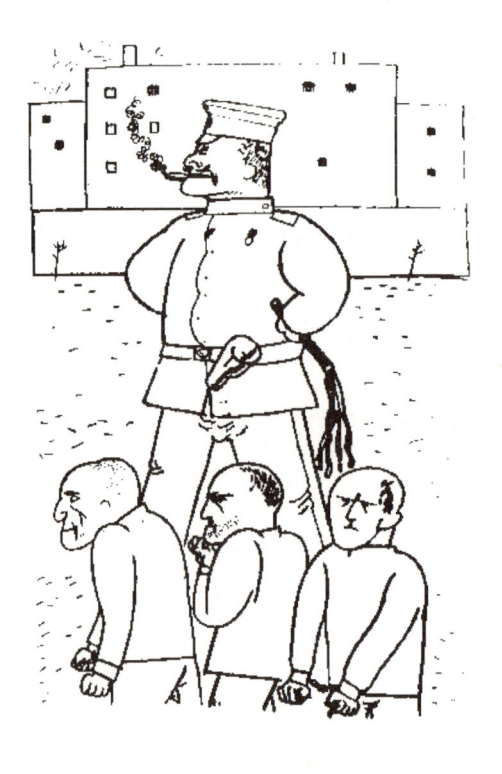

Geschichte und Mythos

Der moderne Mensch hält sich für die Frucht der Geschichte. Er hat von den Funden des Cromagnon-Menschen gehört, davon, daß die Indoeuropäer in den Westen kamen, daß der Kaiser Augustus das Lateinische in der Welt verbreitete, daß es im Mittelalter den Feudalismus und die Pest gab, daß man in der Renaissance die Handelswege wieder eröffnete, daß die französische Revolution die bürgerliche Demokratie brachte, daß das 19. Jahrhundert die industrielle Revolution brachte oder daß wir den Krieg von 36 verloren haben. Der moderne Mensch denkt gemäß dieser chronologischen Schemata. Er denkt, daß es mehrere historische Epochen gegeben hat, daß unsere Kultur und unsere Identität von der historischen Entwicklung der Gesellschaft geprägt sind, daß wir aufgrund der Geschichte leben, wie wir leben.

Der primitive Mensch jedoch denkt nicht so, das primitive Denken ist nicht chronologisch, sondern mythisch. Der primitive Mensch hat seine heiligen Überlieferungen von den Dingen, die, wie es heißt, in mythischen Zeiten geschehen sind. Es sind in gewisser Weise geheime, und im Gegensatz zur Geschichte der Nachschlagewerke, geheimnisvolle Überlieferungen, denn so unbekannt die Geschichte ist, so geheimnisvoll sind die Mythen. Im primitiven Denken liegen die Geschichten von der Entstehung der Welt jeglicher Realität zugrunde, weil das, was sich jetzt in gewisser Weise auf gewöhnliche Art wiederholt, ursprünglich damals geschehen ist. Und das, was ab origene geschah, wird in den Riten periodisch wieder zum Leben erweckt, kann durch die Riten vergegenwärtigt werden.

Das Wissen um die Mythen verleiht bei den primitiven Völkern Macht über die Dinge. In der finnischen Sage namens *Kalevala* verletzt sich, wie Mircea Eliade berichtet, der alte Vainamoinen beim Bau eines Schiffes mit einem Eisennagel.

Er singt von der Ursache seiner Verletzung, aber sie gesundet nicht, denn um diese Verletzung zu heilen, muß er den Mythos des Eisens heraufbeschwören, doch er kann sich nicht daran erinnern. Später, als der Mythos des Eisens ihm wieder einfällt und er ihn singt, wird er augenblicklich geheilt.

Auch wir haben als Kinder noch den Wert der althergebrachten Mythen erfahren, wenn auch nur noch in verschlissenen Formen. In unserer Kindheit gab es ein Lied für den Regen, und in ihm ihm war der Regen nichts weiter als die Wiederholung eines uralten Regens. Es gab ein Lied für den heiligen Johannes, um die Hexen zu vertreiben, ein uraltes und geheimnisvolles Lied. Es gab Weihnachts- und Neujahrslieder. Es gab Geschichten, die uns, um das Herdfeuer versammelt, wie vom Anbeginn der Welt erschienen.

Die Macht, die Dinge zu verändern, eine übernatürliche Macht, existiert in dem Maß, in dem man um die Enstehung der Welt oder das mythische Zeitalter weiß. Für den primitiven Menschen existiert eine erste Zeit, eine mythische Zeit, eine heilige Zeit, und wenn er etwas Besonderes begehrt, sei es Wissen, sei es, daß etwas geschieht, muß er diese Zeit zurückgewinnen. Sich nicht nur in sie zurückversetzen, sondern sie neu durchleben. Der alte Vainamoinen muß sich an den Mythos der Zeit, als man das Eisen erfand, erinnern, um so durch den Ritus des Heroen, der das Eisen schuf, die Wunde zu heilen, die das Eisen schlug. Um die Teufel aus den Gärten und von den Wiesen zu verscheuchen, muß man sich an den Mythos des Helden erinnern, der sie im ersten Zeitalter verscheuchte, mittels des Liedes, welches uns mit dem ersten Zeitalter verbindet.

Der moderne Mensch bezieht sich auf die historische Entwicklung und die unwiederbringliche chronologische Zeit. Der primitive Mensch bezieht sich auf die Zeit der Enstehung der Welt, das heißt, auf das Zeitalter, in dem die Dinge zum ersten Mal geschahen.

(14. Februar)

Anachronische Literatur

> Hic iacet Arthurus, rex
> quondam rexque futurus.
> *Inschrift auf dem Stein von Glastonbury*

Die Einteilung der Geschichte in verschiedene und genau abgegrenzte Perioden ist etwas Modernes. Im primitiven Denken sprach man anstelle von unseren *historischen* Etappen von *Vergangenheit*. Es gab zudem zwei Vergangenheiten, die mythische Vergangenheit, in der die Dinge *ab origene* geschehen waren, und andererseits die gewöhnliche oder chronologische Vergangenheit, die chronologisch, aber nicht fortschreitend ist. Diese Vergangenheit, die weder historisch noch progressiv ist, schreibt den einzelnen Epochen keine besonderen Merkmale zu und geht offensichtlich in einen Synkretismus über, der das Gestern vereinheitlicht und homogenisiert.

Nehmen wir *Le morte d'Arthur*, ein Werk, das um 1469 von Thomas Malory geschrieben und 1485 veröffentlicht wurde. In welcher Epoche finden die Abenteuer König Arthurs, seines höfischen Gefolges und der Ritter statt, die in dem Roman vorkommen? In der Vergangenheit, ja, aber wir wollen versuchen, ihre Zeit genauer zu bestimmen. In diesem Werk, wie in anderen des Arthur-Zyklus, setzt sich der junge Galahad im Jahre 454 auf den Gefährlichen Sitz, doch jene romanisierten bzw. gerade erst entromanisierten Briten des 5. Jahrhunderts kannten weder die Regeln des Rittertums noch die eisernen Rüstungen, noch die Turniere. Die Regeln des Rittertums, die der Chronist Thomas Malory beschreibt, gehören vielmehr ins 12. Jahrhundert, und die Rüstungen, die er beschreibt, sind noch jüngeren Datums, etwa aus dem 14. Jahrhundert. Viele Passagen spielen sich zudem auf magischen Territorien, in einer anderen Zeit ab. Generell siedelt Thomas Malory seine Geschichte in der

Vergangenheit an, ohne sich um Chronologien und Epochen zu kümmern, oder besser gesagt, über Chronologien und Epochen hinweg. Das Thema und die Fragestellungen des Werkes ihrerseits sind solche des 15. Jahrhunderts, also behandelt Thomas Malory Angelegenheiten seiner Zeit, und er erzählt sie dem Geschmack seiner Zeit folgend, ein Geschmack, dem vielleicht auch der Anachronismus entsprach.

Als er das Werk von Thomas Malory fünf Jahrhunderte später überarbeitete, war John Steinbeck, der Schriftsteller der *lost generation*, mit demselben Problem konfrontiert. »Wo ist König Arthur anzusiedeln?« fragte er sich. Schließlich schrieb er für Leser des 20. Jahrhunderts. Und genau wie Thomas Malory dachte er, daß die Vergangenheit in der Literatur anachronisch sein könne. Das heißt, daß König Arthur in keiner bestimmten Epoche, sondern allein hinter dem weiten Schleier, der die Vergangenheit unserer Welt ist, angesiedelt werden kann.

T.H. White, Autor einer anderen Version des Werkes von Thomas Malory, wählte für seinen fantastischen und humoristischen Roman den gleichen Weg. Ihm war klar, daß er für Leute des 20. Jahrhunderts schrieb, und er stellte aktuelle Themen und Probleme auf der Grundlage einer uralten Überlieferung dar. Das klagende, verliebte Ungeheuer zum Beispiel schickt er zum Psychoanalytiker und gibt seiner ganzen Erzählung eine aktuelle Perspektive. Wie gesagt gleicht die Vergangenheit einer Art Vorhang, vor dem wir die Literatur und das Leben inszenieren. Dieser Schleier verdeckt viele vergangene Epochen, deren jede auf ihm ihre Färbung hinterlassen hat, und seine vielfältige Farbgebung zeigt, daß das Vergangene, eben weil es undeutlich und vergänglich ist, dauerhaften Bestand hat.

Wir sprechen von der Vergangenheit und von der Literatur, und wir sprechen auch vom Mythos. Vom mythischen Schleier, der in gewisser Weise ein Schleier der Vorstellungskraft ist, an dem auch wir mitweben.

(15. Februar)

Ein Junge ist gestorben

Letzte Nacht hat die Polizei in einer Wohnung in Barrakaldo, einem Arbeiterstadtteil von Bilbo, einen Jungen erschossen, zwei schwer verletzt und zwei weitere festgenommen, die – wie es in der Presse heißt – *unverletzt* blieben. Doch auch sie mußten ins Krankenhaus eingeliefert werden, nachdem sie durch die Polizeiwache gegangen waren.

Den Jungen, der gestorben ist, Iñaki Ojeda, nannten wir Txapel. Ich lernte ihn im Gefängnis von Carabanchel kennen, und danach waren wir lange Zeit gemeinsam in Puerto de Santa María, bis er letztes Jahr freigelassen wurde.

Er schrieb Gedichte, und einmal, in Puerto, saß er fast drei Monate in Strafhaft, weil irgendein Beamter bei der täglichen Zellenfilze die ausufernden Aufzeichnungen des Gefangenen durchforstet und Gedichte gefunden hatte, die gemäß der Einstufung des Beamten *gegen den Strafvollzug gerichtet* waren.

(16. Februar)

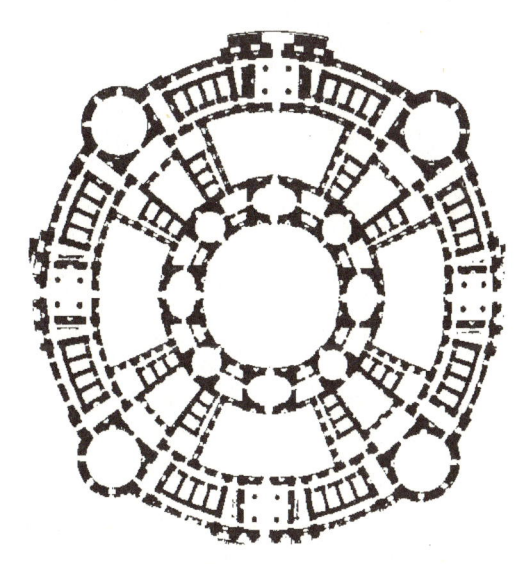

Eingeschlossen in den Zellen

Heute haben wir mit einer Protestaktion gegen die Haftbedingungen begonnen. Seit heute morgen, als wir uns nicht zum Durchzählen in den Zellen aufgestellt hatten, wurden die Türen von den Beamten nicht aufgeschlossen. Das ist die Strafe, und wir bleiben den ganzen Tag in den Zellen eingeschlossen. Nur ein kleines Radio und ein paar Bücher, um uns die Zeit zu vertreiben, drei Schritte zur einen Seite und noch mal drei zurück. Auf jeden Fall schafft es eine gewisse Freiheit, keinem Befehl gehorchen zu müssen, eine Freiheit die so klein ist, daß sie, um es irgendwie auszudrücken, in eine Handfläche paßt.

(22. Februar)

Der Graue Falke und Al Mu'tamid

Nachdem er unzählige Male die Hügel und Wege der Umgebung von Valencia durchstreift und dort viele Überfälle verübt hatte, wurde der berühmte Bandit, dem die Leute den Namen Grauer Falke gegeben hatten, gefangengenommen und so wie alle es vorhergesehen hatten dazu verurteilt, am Kreuz zu sterben. In jenen Zeiten fesselte man den Verurteilten an einen Stamm und ließ ihn dort, bis der Tod ihn übermannte.

Der Graue Falke wurde vor den Toren der Stadt gekreuzigt. Umgeben von seiner Frau und seinen Kindern, die in Trauer und Schmerz versunken waren, erwartete er seine letzte Stunde. Und er wußte nicht, was er seiner Familie hinterlassen sollte. Da kam ein Stoffhändler des Weges. Der Graue Falke bat ihn von seinem Kreuz aus, sich zu nähern.

Er erzählte ihm die Geschichte seines Banditentums und erklärte, daß er für seine Frau und seine Kinder sorgen wolle, bevor er sich für immer zur Ruhe lege. Er erzählte dem Händler, daß er vor nicht allzu langer Zeit einen Schatz geraubt und in einen tiefen Brunnen, der sich in der Nähe befand, geworfen hatte, bevor er dem König ins Netz gegangen war. Und er flehte ihn an, aus Mitgefühl für seine Familie jenes Geld zu holen und es seiner Witwe zu geben.

Der Händler willigte ein, wobei er insgeheim überlegte, daß er sein Reittier etwas schwerer beladen könnte, anstatt das Geld der Familie jenes unglückseligen und dummen Banditen zu geben. So kam es, daß der Händler sich zu dem Brunnen begab und sich daran machte, den Strick hinabzuklettern. Da durchschnitt die Frau des Gekreuzigten der Kriegslist folgend das Brunnenseil und nahm das Reittier und die Stoffe des Händlers an sich. Sie verkaufte alles auf dem Markt und erzielte im Austausch dafür eine beträchtliche Summe. Währenddessen holten die Leute, die von den Schreien aus der Tiefe des Brunnens herbeigelockt worden waren, das durchnäßte Männchen heraus und vernahmen die Erzählung des getäuschten Händlers. Und von Mund zu Mund gelangte sie bis zum König von Sevilla.

Nachdem der König Al Mu'tamid die Geschichte gehört hatte, befahl er, den Gekreuzigten vorzuführen. Der König fragte den Grauen Falken, wie er noch vor den Toren zur Hölle ein neues Verbrechen habe anzetteln können. Dieser antwortete, daß es wunderbar sei zu rauben und daß der König, wenn er wüßte, wie wunderbar es sei, seinen Thron verlassen und zum Banditen werden würde.

Daraufhin setzte Al Mu'tamid, der Dichterkönig von Sevilla, das Urteil außer Kraft und machte ihn zu seinem Leibwächter.

(23. Februar)

Februarschnee

Heute schneit es, doch auf einzigartige Weise, es sind nur wenige Flocken, und sie fallen nicht von oben nach unten, wie Regen, wie Schnee, sondern sie fliegen von einem wirren Wind getrieben herum, bewegen sich in Wirbeln von rechts nach links und von unten nach oben, wie Fliegen in tollem Flug. Der Schnee von heute fällt nicht wie Schnee, die Flocken sind weiße, stumme Fliegen, die auf der anderen Seite des Fensterglases kreisen und in der Luft eine Winterpolka tanzen.

Gestern nachmittag haben sie Enrique Casas getötet, den Spitzenkandidaten der PSOE von Gipuzkoa, und heute kennt das Radio kein anderes Thema als den Generalstreik, der im Baskenland stattfindet.

Wir sind noch immer in den Zellen eingeschlossen. Um die wachhabenden Beamten nicht zu sehen, ist es fast besser, wenn sie die Tür den ganzen Tag nicht öffnen.

(24. Februar)

Das Argument der Tautologie

Die Tautologie ist die Art, etwas mittels seiner selbst zu definieren. »Man flüchtet sich in die Tautologie«, sagt Roland Barthes, »wie in die Angst, die Verwirrung oder die Traurigkeit, wenn einem die Erklärungen ausgehen.«

Wir greifen auf die Tautologie zurück, wenn wir sprachlos sind oder keine Erklärung haben. Als Argument ist die Tautologie eher ein Zustand als ein Werkzeug.

Die Tautologie ist ein Zustand oder eine Zuflucht, ebenso wie die Angst, die Verwirrung oder die Traurigkeit. Darüber hinaus, daß sie eine Argumentationsweise ist, ist die Tautologie eine Daseinsform.

Ich rufe mir ein Kindergespräch ins Gedächtnis, und sicher werden alle, die einmal Kinder waren, diese Situation wiedererkennen:

Das ist so.

Warum?

Darum!

Wir hatten wenige Erklärungen, die Wirklichkeit war ein nahezu unbekanntes Gebiet, das Wissen eine unerreichbare Schachtel von Antworten. Die Tautologie war unser Weg, die Welt kennenzulernen und in ihr zu leben, die Art und Weise, unser Kleinsein zu akzeptieren.

Dessen ungeachtet ist die Tautologie in den meisten Fällen ein Argument der Autorität. Das hochrangigste und klarste Argument der Autorität.

Das ist so.

Warum?

Weil es so ist.

Und es gibt eine weitere, noch überzeugendere Antwort, vollkommen rund, wo auch immer sie auftaucht:

Das versteht sich von selbst!

Unsere Kindheit ist vorbei, die Welt ist uns vertraut geworden, und wir wissen vielleicht zehnmal mehr, doch unsere Form der Auseinandersetzung mit der Welt hat sich nicht allzusehr verändert.

Wenn unsere Sprache die Wirklichkeit nicht in ihrem ganzen Umfang erfassen kann, greifen wir auf die Tautologie zurück. Wir machen das, was ist, zum Maßstab für das, was sein soll, und erklären das, was zu tun ist, mit dem bereits Geschehenen, wir zwingen den anderen und uns selbst die tautologische Sprache des Etablierten auf.

Und es scheint, daß die Tautologie von der postmodernen Denkweise übernommen worden ist. »Die Tautologie ist das einzig wirklich Gewisse«, schreibt der Philosoph Jean Baudrillard.

Doch die Tautologie führt uns zur leeren Sprache, zum hohlen Denken, zum unbewohnten Leben. Die Tautologie ist der Schutzschild des Mangels und des Konservativen. Und man muß sich über die Tautologie hinwegsetzen, genauso wie man Angst und Verwirrung und Traurigkeit überwinden muß, zum Wissen hin, zur Freiheit, zur Hoffnung auf Freiheit zumindest.

(25. Februar)

Wahltag

Gestern haben sie in Mendi, Provinz Zuberoa, den Flüchtling Eugenio Gutierrez aus Leioa mit einem Zielfernrohrgewehr getötet.

Heute ist in den baskischen Provinzen ein Tag endloser Zahlenreihen und arroganter Auswertungen.

(26. Februar)

Verlegung

Einige von uns sind von Anstalt drei nach eins verlegt worden. Die Zellen dieser Abteilung haben einen *cangrejo*, d.h. eine zweite, innere Tür aus Eisenstäben zusätzlich zur gewöhnlichen Tür.

Mein Fenster liegt zum Hof hin, in die Zellen auf dieser Seite scheint den ganzen Tag keine Sonne, und es ist eisig kalt, aber ich kann von Fenster zu Fenster mit Freunden reden, die ich schon lange nicht mehr gesehen habe, halbtot vor Kälte und guter Laune.

(28. Februar)

Über den Stein

Der Stein, sagte der Dichter Octavio Paz, ist Symbol dessen, was menschliche Beziehungen verhindert.

Der Stein, und zwar mehr als alles andere, *ist*. Der Stein, *Sein*, ist fester als alles andere. Der Stein drängt seine Präsenz auf und dringt in unser Leben ein, in unser Bild von der Welt – wie die Luft in unsere Lungen.

Einen baskischen Baum gibt es nicht – könnte Gabriel Aresti gesagt haben. Im Baskenland gibt es nichts als Stein, ungemein baskisch taub, ungemein baskisch stumm. Im baskischen Stein ist nichts als das Geräusch von Schlägen – und Echos.

Der Stein, sagte der Anthropologe Mircea Eliade, ist das Zentrum. Doch wo befindet sich das Zentrum?

Der Stein wurde geformt, gemeißelt und mit sanften Händen bearbeitet und später unter der Regenrinne zurückgelassen.

Der Stein, sagte der Philosoph Erich Fromm, ist die Sterilität. Er trägt keine Früchte, der Stein gebiert keine Steinkinder.

Das Hausfundament, der Brückenpfeiler. Da stehen sie, viel länger schon als die Leute.

Der Stein, dort liegt der Stein und wartet darauf, daß du ihn betrachtest. Es gibt kein Paradies, es gibt nur den Stein. Lerne also die Seinsweise des Steins, seine Art, in der Welt zu sein, lerne, wie der Stein zu leben.

Der verlorene Stein der Weisen im Geröll von Atxarte. In nichts unterscheidet er sich von den anderen Steinen.

Der Dichter João Cabral de Melo schlug die Pädagogik des Steines vor: die Steinerziehung, um Steinlektionen zu lernen, die Lehrvorträge des Steines, die Steinökonomie. Der Stein ist eine stumme Fibel, offen für den, der sie zu entziffern weiß.

Der Stein dringt in dem Maß in uns ein, in dem wir in den Stein eindringen. Wenn wir ihn erst erahnen, hat er sich unserer schon bemächtigt. Wenn wir über den Stein nachdenken, nimmt der Stein menschliche Züge an, und wir selbst den Charakter des Steins.

Die vom Bauernhof in Errekarte klagen über den Nierensteinschmerz mit einer Stimme, die sich in ihren Eingeweiden verliert.

Unsere Sprache formt sich durch Stein, der Stein formt sich durch unsere Sprache. Die Wörter haften wie Moos am Stein und an unserer Seele.

(1. März)

Rätsel, die die Motte nicht gefressen hat

Manche sind so allgemein,
daß man ihre Lösung noch nicht gefunden hat.
Jorge Luis Borges

Im Mittelalter war das Rätsel eine eng mit der Metapher und der Allegorie verbundene Literaturgattung. Ein alter angelsächsischer Kodex enthält neunundneunzig Rätsel voller Poesie. Dies ist das unter der Nummer 48 aufgeführte:

»Ein Wurm fraß die Wörter auf. Erstaunlich! Der Wurm verschlang auf seinen nächtlichen Raubzügen den berühmten menschlichen Gesang samt seines unbarmherzigen Sinns. Doch obwohl er die Wörter auffraß, hat der Dieb nichts gelernt.«

Lösung: die Motte, die sich von den alten Manuskripten der Bibliothek ernährt.

Dies ist das unter der Nummer 85 aufgeführte:

»Mein Wohnort ist nicht still, doch ich mache keinen Lärm; Gottes Wille hat uns vereint; ich bin unbeweglicher als mein Zuhause, zuweilen sogar stärker, doch es arbeitet mehr als ich; ich raste manchmal, doch es ist rastlos. Solange ich lebe, werde ich in seinem Schoß leben; unsere Trennung wäre mein sicherer Tod.«

Lösung: der Fisch im Wasser.

Zum Schluß dieses unter der Nummer 86 aufgeführte:

»Mit Folgendem beschäftigte sich der Rat der Weisen. Ein Auge, zwei Ohren, zwei Beine, tausendzweihundert Zehen, Bauch, Rücken, zwei Hände, Arme und Schultern, Hals und Rippen. Sagt mir, wer ich bin.«

Lösung: der Knoblauchverkäufer. Vielleicht einäugig.

(2. März)

Die drei Ritter und das Hemd

Bei den mittelalterlichen Turnieren vereinen sich Krieg, Erotik und Höflichkeit. Jedesmal, wenn eine Dame einem Ritter ihr Tuch oder irgendein anderes Kleidungsstück verspricht, kündigt sich eine Geschichte von Schmerz, Liebe und Ehre an.

Es gibt ein altes Gedicht, *Die drei Ritter und das Hemd*, das im 12. Jahrhundert entstand und dessen Inhalt folgender ist:

Eine wunderschöne Dame bietet drei Rittern ihr Hemd an. Da diese in einem Turnier kämpfen mußten, das von ihrem Ehemann organisiert worden war, sollte der Ritter, welcher sich in das Hemd kleiden würde, weder eine Rüstung noch sonst irgendeinen Schutz tragen, sondern einzig und allein Angriffswaffen.

Der erste und der zweite Ritter wagen es nicht, das Hemd, das die Dame ihnen darreicht, anzunehmen. Der dritte, ein unbedeutender Mann, küßt das Hemd am Vorabend des Turniers.

Am Morgen des folgenden Tages kleidet er sich allein mit dem weißen Hemd. Im Verlaufe des Turniers bricht er nach unerbittlichen Angriffen mit zerrissenem und blutdurchtränktem Hemd verletzt zusammen. Nichtsdestotrotz gewinnt er das Turnier, alle bewundern seinen Mut, und die Burgdame schenkt ihm ihr Herz.

Doch der Ritter ersinnt eine Revanche. Er gibt der Dame das Hemd zurück und bittet sie, es auf dem Festmahl zur Feier des Turniers anzuziehen. Die Dame küßt den verletzten Ritter und streift das zerrissene und blutbefleckte Hemd über ihre edlen Gewänder.

Der Ehemann tobt, alle Welt murmelt. Und am Schluß des Gedichtes stellt der Erzähler folgende Frage:

Wer der beiden Liebenden hat mehr auf sich genommen?

(4. März)

Der Kuckuck auf der Brücke von Rom

Man sagt, am 5. März sänge der Kuckuck das erste Mal auf der Brücke von Rom.* Von hier aus hört man den Kuckucksruf nicht. Würde er bis zu uns durchdringen, träfe er uns womöglich mit den Hosentaschen so leer wie immer an.

Heute denke ich an dich, an dich, die oder der du gerade liest. Zunächst weiß ich noch nicht einmal, wer du bist. Für wen schreibe ich also?

Ich schreibe nicht für mich selbst, obwohl ich ziemlich viel lese und in meiner Zelle kein einziges Buch ungelesen bleibt.

Ich schreibe für niemanden im besonderen, auch nicht für eine bestimmte Art von Leuten, und noch weniger für alle Welt.

Wie dem auch sei, ich vermute, daß ich für irgend jemanden schreibe, ich habe die vage Hoffnung, daß mein Geschriebenes dich, wer auch immer du sein magst, unterhält. Ich hoffe, daß meine Stimme ein Echo finden wird. Meine Frage, wenn auch schon in der Vergangenheit verhallt, verlangt deine Antwort.

Ich sage »in der Vergangenheit verhallt«, denn was ich dir in diesem Tagebuch erzähle, liegt weit zurück. Ich weiß nicht, wann du diese Blätter lesen wirst, du aber hast einen Vorteil, du weißt schon, was morgen, was übermorgen passiert sein wird. Vielleicht sind ein oder zwei Jahre vergangen, und was unterdessen passiert ist, weißt du genau. Du weißt mehr als ich, und meine Beobachtungen mögen dir – von deiner überlegenen Zeitwarte aus – tölpelhaft erscheinen. Also wird auch meine Frage vielleicht nur noch eine Erinnerung sein.

Ich höre schon den Kuckuck. Ah, es ist nicht der von der Brücke von Rom. Es ist der Genosse in der Zelle nebenan, der täuschend echt Vogelstimmen nachahmt.

(5. März)

* Die Brücke von Rom ist eine Metapher für den Regenbogen. In diesem Text wird auf den alten Glauben angespielt, daß dem, der den ersten Kuckucksruf im Jahr vernimmt und dabei Geld in der Tasche hat, dieses niemals ausgehen werde.

Spoon River Anthology

Zu dichten heißt die eigene Stimme suchen. Man strebt ein ganzes Leben nach ihr und findet sie womöglich nie. Lange Zeit folgt man ihrer Spur, und es mag sein, daß man erst bei den letzten Versen über sie stolpert. Es kommt vor, daß man beim Schreiben eines Buches die eigene Stimme findet und sie dann wieder verlegt.

Es gibt einen Autor nordamerikanischer Dichtung, Edgar Lee Masters, dem solches geschah. Sein ganzes Leben lang suchte er die eigene Stimme, veröffentlichte zwischen 1898 und 1950 mehr als fünfzig Bücher, alle durchgängig mittelmäßig – bis auf eines. Dieses Buch indessen, *Spoon River Anthology*, 1915 veröffentlicht, ist ein wundervolles Werk, ist ein treffsicheres Entdecken der dichterischen Stimme.

Der Junge, den man später als Edgar Lee Masters kennen würde, wurde 1869 in dem Örtchen Garnett im Staate Kansas geboren und im Schoße einer puritanischen Pioniersfamilie großgezogen. Während seiner Kindheit zogen sie nach Petersburgh im Staate Illinois um. Als er sein Studium beendet hatte, entschied er sich für die Anwaltslaufbahn, zuerst in Chicago und später in New York, und in regelmäßigen Abständen veröffentlichte er ohne jeden Erfolg Gedichtbände.

So um 1915 entstand, inspiriert durch eine griechische Anthologie und das Alltagsleben eines Dorfes im Landesinnern Nordamerikas, *Spoon River Anthology*. In dem Buch werden mehr als zweihundert Grabinschriften zusammengestellt, von der Friedhofsgemeinde selbst geschrieben, von jedem mühsam und sorgfältig redigiert, so daß ihre Gesamtheit zu einer fesselnden und ironischen Chronik des menschlichen Wesens wird.

Spoon River ist ein Dorf im Niedergang, verloren sind die Träume der Ahnen, die Starken beuten die Schwachen aus, und allenthalben herrscht Heuchelei. In den meisten Grabinschriften werden unglückselige Geschichten erzählt, und die glücklichen Geschichten, die erzählt werden, sind trivialer als die unglücklichen, denn letzten Endes ist die Tugend langweilig.

Nach *Spoon River Anthology* schrieb er noch viel, doch nie mehr erreichte er das Niveau seiner Epitaphe. Autobiographien, Romane, Biographien, Gedichtbände – vergebens. 1949 lebte Edgar Lee Masters vergreist und bitterarm in einem heruntergekommenen Hotel in New York. Ein Jahr darauf starb er im Sanatorium von Philadelphia.

Vielleicht ruht auch Edgar Lee Masters neben dem schmächtigen Elmer, dem stämmigen Herman, dem Clown Bert, dem betrunkenen Tom und dem streitsüchtigen Charley. Neben der sentimentalen Ella, der einfachen Kate, der menschenscheuen Mag, der stolzen Lizzie und der glücklichen Edith. Alle, alle schlafen sie auf dem Hügel. Ihre Stimmen, die fast immer mittelmäßig und nur ein einziges Mal wunderbar waren, bringt eine stumme Steintafel zum Schweigen.

(6. März)

El Puerto de Santa María

Es geschah letzten Sommer. Wir beteiligten uns an einem Aufstand im Gefängnis von Carabanchel, der nach hartnäckigem Widerstand von der Polizei niedergeschlagen wurde. Zwanzig von uns wurden sofort nach Puerto de Santa María verlegt, in Strafzellen, mit der Auflage von einem Monat Sonderhaft. Was ich erzählen möchte, geschah in jenen Isolationszellen:

Es war ein drückender Nachmittag, die Stechmücken beherrschten wie immer alles, drinnen wie draußen, ohne sich um die Gitter zu scheren. Alle Gefangenen waren in ihrer Zelle, alles war ruhig, ausgenommen das eine oder andere Kreischen eines Schlüssels oder einer Tür. Plötzlich öffnete sich auf dem Gang gegenüber eine Tür, und es waren Schreie zu hören. Ich näherte mich dem Fenster, auf der gegenüberliegenden Galerie gab es eine Diskussion, drei oder vier Zellen weiter rechts, und ich hörte nicht jedes Wort:

»Und sie werden mich nicht schlagen!«

»Und ob ich das werde!«

Ich erkannte die Stimme eines Beamten. Augenblicklich klirrten Schlüssel, ein *cangrejo* wurde geöffnet. Es hallten Schläge und Schmerzensschreie des Geschlagenen. Ich begann gegen das Eisengitter meiner Zelle zu schlagen, alle anderen Gefangenen taten das gleiche, und ein ohrenbetäubender Tumult breitete sich auf beiden Gängen aus. Als wir Ruhe gaben, hörte man noch immer die Diskussion zwischen dem Gefangenen und dem Wärter.

»Und du hast nicht den Mumm, mich noch mal zu schlagen!« sagt die schmerzerfüllte und pathetische Stimme des Gefangenen.

»Siehst du?« sagt der Beamte. »Siehst du? Oder was? Willst du, daß ich dich zu Brei schlage?«

»Hör auf, Macho!« sagt ein anderer Beamter. Wir schlugen wieder gegen die Türen. Nach einer Weile war wieder Ruhe. Der Gefangene sagte uns durch das Fenster, daß sie ihn geschlagen hatten, daß er sich schlecht fühle und seine Ruhe haben wolle. Und alles sank in die gewohnte Stille zurück. Eine Stunde später brachten sie das Abendbrot, und ich erkannte die Stimme des Schlägers. Er selbst öffnete die Tür, mit verbundener Hand. Er schaute herein, sie stellten die Verpflegung hin, und er verriegelte eilig die Tür. Stunden später, um elf Uhr abends, machten sie die Lichter aus, und es blieb nur, sich ins Bett zu legen. Dann öffnete sich eine Tür auf dem Gang, und Bruchteile einer Unterhaltung waren zu hören, aber ich legte mich hin, ohne mich darum zu kümmern.

Ich schlief schon, als mich auf einmal das Licht und der Lärm der Tür weckten:

»Haben sie das heute nachmittag mitbekommen?« fragt mich der Beamte. Ich kam langsam zu mir, wobei ich den Kopf zwischen den Decken herausstreckte, ohne die Augen völlig offenhalten zu können, überrascht und benebelt.

»Haben Sie auch gegen die Tür geschlagen?« fragt er wieder. »Na klar, um zu sehen, ob das Prügeln aufhört.«

»Ihr Politischen seid zivilisierte Menschen, aber mit diesen Leuten kommt man nicht klar, die sind dazu in der Lage, den erstbesten umzubringen, ihr seid viel...« »Ich vermute, daß ihnen nichts anderes übrig bleibt, als das zu tun, was sie tun.«

Nackt unter den Bettlaken sah ich den in der Tür stehenden Beamten, in einer Nacht, in der sonst nur Stille herrschte.

»Und was halten Sie von dem von heute nachmittag?« fragt er mich. »Nun, daß es nicht in Ordnung ist, eine Person zu Brei zu schlagen, die sich zudem nicht einmal verteidigen kann.«

Er stützte den Ellbogen auf die Gitterstäbe auf, wobei er die verbundene Hand hochhielt. »Ich mußte es tun, weil er mich provoziert hat. Haben Sie das nicht gehört?«

»Was soll ich Ihnen sagen?« antworte ich.

»Jetzt wissen Sie ja, wie es gewesen ist«, sagt er, wobei er in seine Worte so etwas wie eine Drohung einfließen läßt – oder einen Hinweis oder einen Rat. Er verschloß die Tür, löschte das Licht und ging. Durch das Fenster konnte man die sternenübersäte Nacht sehen, aber da waren die Stechmücken – und die Hitze. Und als der metallische Lärm und das Geräusch der Stiefel auf dem Gang verhallt waren, kehrte alles zur erzwungenen Stille zurück, zum drückenden Frieden.

(9.März)

Das Gelb in der Farbtheorie

> Zur Stunde des Analysierens der Farben,
> muß man da nicht über die Leuchtkraft sprechen?
> *Johann Wolfgang Goethe*

Im 18. Jahrhundert stellte der Physiker Isaac Newton, derselbe, der das Gesetz der universellen Schwerkraft formulierte, die modernen Theorien der Optik und der Chromatik auf. Nach seiner Theorie sind im weißen Licht alle Farben enthalten, und diese fächern sich im Spektrum in verschiedenen Winkeln auf, indem der Lichtstrahl gebrochen wird. In den ersten Jahren des 19. Jahrhunderts, als die Theorien von Newton unter den Physikern vorherrschten, schrieb J.W. Goethe den *Entwurf einer*

Farbenlehre, d.h. seinen Essay über eine Farbentheorie, und trug wissenschaftliche Argumente gegen die theoretische Abhandlung Newtons und interessante Ansichten über Farben zusammen.

Nach Goethe entspringt die Ausdifferenzierung der Farben nicht ihrem unterschiedlichen Brechungswinkel. Seiner Meinung nach entspringen die Farben der Vereinigung von Dunkelheit und Helligkeit, und daher ergibt sich jede Farbe aus den verschieden großen Anteilen von Hell oder Dunkel bei diesem Zusammentreffen. Später hat die Wissenschaft sowohl die Theorie Isaac Newtons als auch die J.W. Goethes überwunden, aber es ist interessant, das Gelb im Licht der Theorie des letzteren zu betrachten.

Gelb ist für Goethe die Farbe, die dem Licht am nächsten ist. Sie entsteht, indem sich das Licht ein wenig trübt oder das Weiße ein wenig ermattet. Und es breitet sich nicht nur über die Dinge, sondern auch im lichten Raum aus.

Wenn man einen Einschub in bezug auf das Euskara macht, werden Wörter wie *horizta, horiska* oder *horaila* gebraucht, um Farben, die dem Gelb ähnlich sind, zu benennen. Wir haben zudem mindestens zwei weitere Wörter, um andere Farbschattierungen zu beschreiben: *beilegia* ist ein kräftigeres Gelb, das zum Rötlichen oder Bräunlichen hin tendiert, und *larua* ist das blasse Gelb, das verwaschene Gelb zum Weiß oder Grau hin.

Wie gesagt ist das saubere Gelb die Farbe des Lichts und des transparenten Raumes, die Farbe der Sonnenstrahlen. Man betrachte zum Beispiel die Bilder des englischen Romantikers Turner.

Goethe schlug folgendes Experiment vor: Halte ein gelbes Glas an einem grauen Wintertag vor deine Augen und betrachte die Landschaft; dir wird sich das Herz ausdehnen und das Gemüt erheitern, du wirst im Gesicht das Streicheln einer warmen Brise spüren ...

Wenn das Gelb sauber ist, ist es eine leuchtende Farbe, heiter, sanft, warm und weich. Die reine Farbe Gelb ist eine ruhige und angenehme Farbe. Und es ist in dem Gedicht *Margarita* von Arnaut Oihenart die Farbe der Schönheit: »*Buruko bilo hori / urhea bezain hori*« (Die Haare auf ihrem Kopf / gelb wie das Gold).

Und daher ist Gelb die Farbe des Goldes und der Seide und der duftenden Blumen. Aber Gelb ist nicht immer ruhig, angenehm und schön, es wird leicht schmutzig. Und wenn es an Reinheit verliert, wird es abstoßend, unangenehm, häßlich. Wenn das reine Gelb die Farbe des Goldes ist, ist das schmutzige Gelb die Farbe des Urins. Auch die Symbolik des Mittelalters wußte um diese Duplizität der Farbe Gelb: Das Zeichen der Heiligkeit, der Heiligenschein, war gelb, aber auch die Ketzer und die von der Pest Befallenen mußten sich in Gelb kleiden. Es ist die Farbe der Frucht und der Ernte, aber es ist auch die der Trokkenheit und der Wüste. Deshalb verändert sich die Symbolik der Farbe Gelb je nach Reinheit oder Unreinheit grundlegend.

Andererseits verfärbt Gelb sich leicht rot. Im Euskara nennen wir dieses rötliche Gelb, im Unterschied zu den angrenzenden Sprachen, rot (*gorri*). Deshalb sagen wir *abelgorri* (Rindvieh), *gorringo* (Eigelb), *larrugorri* (nackt), *mingorri* (Masern) usw. Das semantische Feld unseres Rots nähert sich mehr als das der romanischen Sprachen dem Gelb an, läßt dabei dem Wort »gelb« weniger Raum. Auf jeden Fall sind die Eigenschaften dieses rötlichen Gelbs oder gelblichen Rots die gleichen wie die des Gelbs, vielleicht sogar noch verstärkt: Lust, Ruhe, Schönheit, Fröhlichkeit. Das, was man beim Betrachten des Feuers oder einer sanften Morgenröte fühlen kann. Doch schon ein kleiner Schmutzfleck verändert, genau wie beim Gelb, ganz und gar unser Empfinden für und bei diesen Farben.

(11. März)

Die Welt ist schlecht

Alphonse Allais, ein Schriftsteller, der vor hundert Jahren lebte, verfaßte eine kleine, geistreiche Geschichte mit dem Titel *Drame bien Parisien*. Es waren zwei junge Eheleute, die in Frieden und Harmonie lebten...

Der junge Raoul erhält einen anonymen Brief, in dem steht, wenn er sehen wolle, wie seine Frau ihm die Hörner aufsetzt, solle er ins Moulin Rouge gehen, zum Donnerstagstanz, denn seine Gattin pflege sich dort als kongolesisches Kanu verkleidet aufzuhalten.

Auch die junge Marguerite erhält einen anonymen Brief mit der Empfehlung, sich am Donnerstag ins Moulin Rouge zu begeben, zum Tanz der Ungebundenen, weil sich dort ihr Gatte Raoul als Tempelritter gekleidet zu vergnügen pflege.

Als Donnerstag ist, sagt der Mann seiner Frau, er müsse auf Geschäftsreise gehen, und die Gattin sagt zum Mann, sie müsse fort, um nach einer kranken Tante zu schauen. Und so gehen sie, Raoul angeblich nach Dünkirchen und Marguerite zu ihrer Tante, jeder in seine Richtung.

Später im Moulin Rouge sieht man beim Tanz der Ungebundenen viele verkleidete und heitere Leute, lärmend und glücklich. Doch etwas abseits stehen zwei Figuren, die sich herausheben, da sie nicht ganz an der allgemeinen Fröhlichkeit teilhaben, eine als kongolesisches Kanu verkleidet und die andere als Tempelritter.

Um drei Uhr früh nähert sich der Tempelritter dem Kanu und lädt es zum Abendessen ein. Das Kanu legt seine Hand auf des Tempelritters Arm, und zusammen gehen sie fort. Als der Kellner sich zurückzieht, verschließt der Tempelritter die Tür des Séparées von innen. Dann lüftet er mit einer nervösen und ungeduldigen Bewegung die Kapuze und entwendet zugleich dem Kanu die Maske.

Beiden entweicht ein Verwunderungsschrei, denn sie kennen sich nicht. Er ist nicht Raoul, und sie ist nicht Marguerite. Gegenseitig bitten sie sich um Verzeihung, und im Laufe der Nacht werden sie Freunde und lernen sich kennen.

(12. März)

Das Auge und der Blick

> Meine Augen im Spiegel
> sind blinde Augen, betrachtend
> die Augen, mit denen ich sehe.
> *Antonio Machado*

In der ägyptischen Mythologie entspringt die Welt dem Auge. Auch in der christlichen Symbolik, einer Tochter der ägyptischen, ist Gott ein großes Auge, das vom Himmel herabschaut.

Einem geheimnisvollen Erklärungsversuch zufolge sind die Dinge wirklich, weil wir Augen haben, d.h., weil wir sie sehen können.

Das Auge ist Licht. So drückte sich der baskische Bibelübersetzer Joanes de Leizarraga aus, um den Tagesanbruch zu beschreiben: *Eta argiaren begian berriz ethor zedin tenplera* (»Und frühmorgens kam er wieder in den Tempel« – Joh, 8, 2). (Der frühe Morgen, im Euskara *argiaren begian*: das »Auge des Lichts«.) Ein dunkles Zimmer wird auf Euskara »blindes Zimmer« genannt.

Das Auge ist auch Bewußtsein. Ist jemand begabt, nennt man ihn eine »helle Person«. Den, der ahnungslos ist, bezeichnet man hingegen als »völlig blind«. Gewiß ist das Auge der am engsten mit dem Geist verbundene Körperteil. Und die Augen sind die Organe des Bewußtseins und der Vorstellungskraft.

Die Augen sind grundlegendes Attribut und Schlüssel der menschlichen Beziehungen. Im Euskara beschreibt man die

Haltung einer Person gegenüber anderen mittels der Augen. Zum Beispiel sagt man *begietsi* (ein Auge zuerkennen) und meint »schätzen«; eine fröhliche und großzügige Person nennt man *begi zohardi* (blaues Auge); und *begitan hartu* (in die Augen fassen) bedeutet Mißtrauen; und »Haß« oder »Fluch« heißt auch *begigoa* oder *begizkoa* (böser Blick).

Die Augen und die Blicke, offene Teiche, sind Ausdruck der Seele, Seelenbande. Nichts ist daher furchtbarer als der Verlust eines Auges – man denke nur an jene Nahaufnahme in dem Film *Un Chien Andalou*. Wessen Auge verletzt wird oder wer es verliert, muß dies wie die alten Piraten oder ein Filmemacher verdecken, um kein Entsetzen zu bewirken.

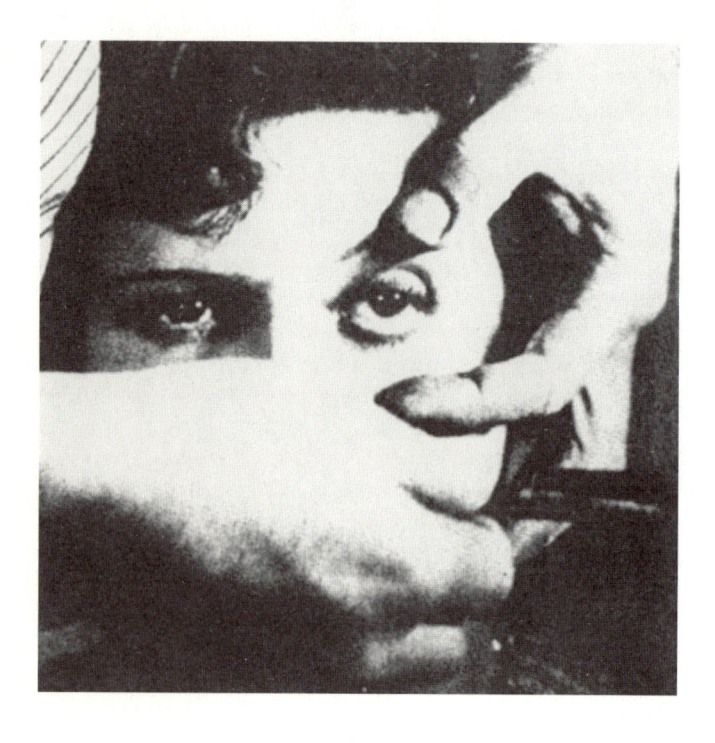

Wenn du Bilder betrachtest, achte auf die Augen. Auf dem englischen Bild *Herbstblätter* des Präraffaeliten John Everett Millais, gemalt um 1856, sind zum Beispiel vier junge Frauen unterschiedlichen Alters beim Laubaufsammeln auf dem Land zu sehen, und jede blickt auf ihre Weise, als liefen die geheimen Fäden der Seele in ihren Augen zusammen. Oder ein anderes bewegendes Bild: *Der verzauberte Merlin* des Präraffaeliten Edward Burne-Jones von 1874, auf dem der alte Merlin zwischen blühenden Zweigen zurückbleibt und Ninive vom See sich mit der Weisheit des Zauberers entfernt. Die sich kreuzenden Blicke könnten nicht bezeichnender sein, die tiefliegenden Augen Merlins, dunkel in seinem blassen Antlitz, und die verführerischen Augen der Dame, halb erstaunt, halb unschuldig.

Dann muß man die Bilder Pablo Picassos betrachten, diese kubistischen Augen, die die Augen des 20. Jahrhunderts sind.

(14. März)

Die Iden des März

Im römischen Kalender werden die Tage nach ihrer Nähe zu drei Monatsdaten benannt: die Kalenden, die Nonen und die Iden. Die Iden waren der fünfzehnte des *martius* oder März, des *maius* oder Mai, des *quintilis* oder Juli und des *october* oder Oktobers sowie der dreizehnte der anderen Monate. Die Iden des März waren demnach der 15. März.

Im Jahre 44 vor unserer Zeitrechnung herrschte Julius Caesar über das Römische Imperium, ein ausgedehntes und allmächtiges Reich, das jedoch Schauplatz hartnäckiger Kämpfe um eben diese Macht war. Im Umfeld des Imperators selbst witterte man die Gefahr, und Verschwörungsgerüchte waren das tägliche Brot.

Eines Tages rief Julius Cäsar seine Senatoren zu einer Versammlung zu den Iden des März zusammen. Vor diesem Tag hatte ein Seher den Imperator gewarnt, daß sein Leben in Gefahr sei. »Hütet Euch vor den Iden des Märzes!« hatte er zu ihm gesagt. Die Iden des Märzes waren gekommen, und am Nachmittag fand sich der Seher beim Imperator ein.

»Tapferer Weiser!« sagte der Imperator mit lächelndem Spott. »Die Iden sind gekommen...« »Ja, sie sind gekommen, Herr«, antwortete der Seher, »aber noch sind sie nicht vorüber.«

Und in der Abenddämmerung desselben Tages wurde Julius Caesar, der große Imperator, ermordet.

(15. März)

Azula oder Urdina

In der Farbenlehre Goethes entspringt das Blau, im Gegensatz zum Gelb, das dem Licht entspringt, der Dunkelheit, dem Schwarzen.

Nun betrachte, was in der Natur blau ist. Blau ist die Farbe des wolkenlosen Himmels in all seinen Schattierungen, vom Dunkelblau bis zum Hellblau. Dunkelblau ist die Farbe des Abendhimmels, die Farbe des Anbruchs der Nacht, die Farbe des sturmgepeitschten Meeres. Die Farbe des Meeres bei Windstille, die des wolkenlosen Tageshimmels ist nicht so dunkel, sie ist ein helleres Blau. Hellblau ist, genaugenommen, die Farbe des wolkenlosen Mittagshimmels.

Die weiten Räume, der Himmel und das Meer sind also blau, und mehr noch, der Raum selbst ist blau. Blau ist die Farbe der Entfernung. Der transparente Raum neigt dazu, blau zu sein, wie die Luft oder das Wasser.

In einem anderen Bereich ist Blau die Farbe des Denkens, der ruhigen Meditation, des Abwägens. Der Raum des Denkens ist blau, vielleicht ist das Denken auch Raum.

In der Mythologie ist Blau die Farbe Jupiters und Junos, der Himmelsgötter. Auch die Venus der römischen Mythologie ist blau. Später, im Christentum, wird Blau mit dem Himmel in Verbindung gebracht und ist die Farbe des Mantels der Jungfrau Maria, der sich über den Halbmond ergießt. Unter den Sternzeichen sind Waage und Stier blau, wie April und September, wie der Stahl.

Blau ist dem Grau nahe, sowohl das dunkle als auch das helle. Im Euskara ist diese Nähe offenkundig, da scheinbar beide, zumindest ehemals, mit dem gleichen Wort bezeichnet wurden, dem Wort *urdina*. Jose Luis Alvarez Emparanza hat dieses Thema mehr als einmal behandelt und erklärt, daß das Farbsystem in jeder Sprache auf eine andere Art und Weise strukturiert ist. Das alte Wort *urdin* muß ein breites semantisches Feld, von der Bedeutung des heutigen *azula* (blau) bis zum *grisa* (grau), und womöglich darüber hinaus, umfaßt haben. Um nur ein Beispiel zu nennen: Pedro de Axular schrieb »*illea urdintzen da*« (das Haar ergraut). Das heutige Euskara hat das westliche System der sieben Farben weitgehend übernommen, und auch wenn man im gipuzkoanischen Dialekt *urdina* sagt, ist dies nichts weiter als die Übersetzung der Begriffe *azul* oder *bleu* der Nachbarsprachen. Im biskainischen Dialekt sagen wir eher *azula* und im Norden, zumindest in der Gegend von Zuberoa, *blua*. Im biskainischen Dialekt wird das Wort *urdina* für ein weißliches oder gräuliches Blau oder für Grau verwendet.

(16. März)

Die Jungfrauen von Milet

Der griechische Philosoph und Biograph Plutarch, Autor der *Parallelbiographien*, berichtet von einer Reihe eigenartiger Selbstmorde, die sich in Milet, einer Hafenstadt an der Ostküste des ägäischen Meeres ereigneten.

Es begab sich zu jener Zeit, daß die Jungfrauen ohne erkennbaren Grund Selbstmord begingen. Beispielsweise erhängten sie sich, und unzählige verschieden Tag für Tag. Die Ratschläge, die die Väter den Töchtern unter Schluchzern erteilten, erwiesen sich als ebenso vergeblich wie harte Strafen. Eine nach der anderen brachten sich die jungen Frauen um, und auch das Klagen der Verwandten und Freunde auf den Begräbnissen half nicht.

Alles war zwecklos, und immer hing an irgendeinem Zweig oder Balken still ein Mädchen in den letzten Zügen. Die Männer, die mitansehen mußten, wie ein Großteil der Frauen grundlos starb, ersuchten die Philosophen und Gesetzeshüter der Stadt um einen Ausweg. Laut Plutarch war der Befehl, den die Philosophen und Männer des Gesetzes von Milet erteilten, folgender: Die nackte Leiche jeder jungen Frau, die Selbstmord beginge, sollte bis zu ihrer Verwesung öffentlich auf dem Marktplatz aufgehängt werden. Und von da an, so sagt man, beging nicht eine Jungfrau mehr Selbstmord. Und selbst Plutarch blieb verborgen, warum sie zuvor Selbstmord begangen hatten.

(17. März)

Guy de Maupassant

Guy de Maupassant ist ein junger Schreiber, ein Student, als er es wagt, im Hause des berühmten Schriftstellers Gustave Flaubert vorzusprechen. Unruhig ist er die Treppen hinaufgestiegen. Vor der Tür angelangt hält er einen Augenblick inne, dann betätigt er kraftvoll den Türklopfer.

Das Hausmädchen öffnet die Tür und bittet den jungen Mann herein. Ängstlich tritt Guy de Maupassant ein, schamerfüllt, gleich dem, der auf heiliges und fremdes Territorium vordringt. Das Verlangen einzutreten verkehrt sich in den Wunsch hinauszugehen, doch schon ist er Gefangener der von ihm getanen Schritte. Einige Augenblicke später unterhalten sich Guy de Maupassant und Gustave Flaubert, der Schüler und der Meister, der Junge und der Alte, der Fragende und der, der kaum noch an den Wert der Antwort glaubt. »Was raten Sie mir, damit ich lerne, gut zu schreiben?« fragt der Junge.

Der Alte zeigt auf einen Schrank voller Utensilien und Trödel. »Schau, beschreib diesen Schrank.«

Viele Jahre sind vergangen, Guy de Maupassant ist erwachsen und Autor bewundernswerter Novellen, auch er ist schon, was man einen Meister nennt. Im Vorwort seines Romans *Pierre und Jean* spricht er über die Beschreibung, wie Flaubert sie ihn gelehrt hatte:

»Bleiben wir, um ein flammendes Feuer und einen Baum in der Ebene zu beschreiben, so lange vor diesem Feuer und diesem Baum, bis sie, für uns, keinem anderen Baum und keinem anderen Feuer mehr gleichen. Auf diese Weise wird man originell. Ferner erklärte er sich davon überzeugt, daß auf der ganzen Welt nicht zwei Sandkörner, zwei Fliegen, zwei Hände oder zwei Nasen absolut gleich seien, und hielt mich an, einen Menschen oder einen Gegenstand mit ein paar Sätzen so zu charakterisieren, daß er sauber herausgearbeitet und von jedem Menschen oder jedem Gegenstand der gleichen Gattung zu unterscheiden wäre.«

Man muß also die Eigentümlichkeit jedes Dinges erfassen und das treffende Wort finden.

»Was immer man sagen will, es gibt nur ein Wort, um es auszudrücken, nur ein Verb, um es zu beleben, nur ein Adjektiv, um es zu qualifizieren. Also muß man suchen, bis man dieses Wort, dieses Verb und dieses Adjektiv entdeckt hat, und sich nie mit dem Ungefähren begnügen, nie zu noch so glücklichen Listen, zu Sprachclownerien Zuflucht nehmen, um die Schwierigkeit zu umgehen.«

Guy de Maupassant sagt in diesem dritten Abschnitt des Vorwortes des Romans *Pierre und Jean* weiterhin, daß man das Überflüssige beiseite lassen und eine eigenständige Wirklichkeit schaffen soll. Der Romancier soll die Kleinlichkeiten des täglichen Lebens, die bedeutungslos sind, ausschalten.

»Ist der Realist Künstler, so wird er uns nicht die banale Photographie des Lebens zeigen, sondern ein Abbild geben wollen, das umfassender, ergreifender und beweiskräftiger ist als die Wirklichkeit selbst.«

(18. März)

Journalismus

Napoleon Bonaparte wurde vom April 1814 an, als er in Fontainebleau abdankt hatte, auf der Insel Elba gefangengehalten, bis er im Frühling 1815 sein Heer wieder sammelte und beschloß, nach Paris zurückzukehren.

Die Schlagzeilen der Pariser Tageszeitung *Moniteur Universel* im Laufe jenes März sind wirklich verblüffend, denn sie geben ein einzigartiges Zeugnis vom Vorrücken des Ex-Kaisers.

9. März: »Das Ungeheuer ist seiner Verbannung entwichen.«

10. März: »Der korsische Menschenfresser ist in St. Jean gelandet.«

11. März: »Der Tiger ist in der Gegend von Gap aufgetaucht. Die Armee rückt dorthin vor, um seinen Vormarsch aufzuhalten. Sein verabscheuenswertes Unterfangen wird wie das seiner Mitverbrecher ein Ende in den Bergen finden.«

12. März: »Das Ungeheuer hat die Stadt Grenoble erreicht.«

13. März: »Der Tyrann befindet sich jetzt in der Gegend von Grenoble und Lyon. Sein Erscheinen hat alle Welt in Schrekken versetzt.«

18. März: »Der Usurpator wagt sich bis zu einem siebzig Stunden Fußmarsch von der Hauptstadt entfernten Punkt vor.«

19. März: »Bonaparte rückt raschen Schrittes vor, aber sein Einmarsch in Paris ist unmöglich.«

20. März: »Napoleon wird morgen bis an die Mauern von Paris gelangen.«
21. März: »Kaiser Napoleon ist in Fontainebleau.«
22. März: »Gestern nachmittag hat seine Hoheit der Kaiser seinen öffentlichen Einzug in die Tuilerien gefeiert. Nichts kann den allumfassenden Jubel übertreffen.«

(20. März)

Man nennt es Morgenröte

»Wie nennt man das«, fragte eine Frau, »wenn der Tag erwacht, so wie heute, und nichts ist recht, alles scheint verkehrt, und doch atmen wir noch, und wir haben alles verloren, und die Stadt ist ein Raub der Flammen geworden, und die Unschuldigen töten sich gegenseitig, und die Schuldigen liegen an allen Ecken des gerade anbrechenden Tages im Sterben.« – »Das hat einen wunderschönen Namen«, antwortete der Bettler. »Man nennt es Morgenröte.«

»Man nennt es Morgenröte«, so endet ein Werk des verstorbenen Jean Giraudoux. Und später sollte eben dies – »Morgenröte« – der Titel eines Filmes von Luis Buñuel sein.

Und auch heute erwacht der Tag, alles ist das Gegenteil von dem, was man sich wünschen würde, der Gegensatz des Erträumten, und wir haben alles verloren, alles – nur nicht den Mut, in diesem verlorenen Winkel am Ende der Welt.

Sie sagen, daß heute der Frühling beginnt, doch der neue Tag erhebt sich grau.

(21. März)

Urdina oder Grisa

Vor einiger Zeit schrieb ich aus einer mir abhanden gekommenen Literaturzeitschrift drei Zeilen eines Gedichtes von einem gewissen Jean Vincent Verdonnet ab, und ich möchte sie als Beispiel für ein Übersetzungsproblem zitieren:

»Du noir au blanc / Seul le gris fait / Son chemin sous le ciel d'hiver« (Vom Schwarz zum Weiß / Findet allein das Grau / Seinen Weg unter dem Winterhimmel).

Wie übersetzt man die zweite Zeile ins Euskara? Mit *grisa*, sich an die romanischen Modelle haltend? Mit *urdina*, in der Absicht, an alte Wurzeln anzuknüpfen? Die Entscheidung fällt nicht leicht, womöglich gibt es keine Lösung. Schon vor langer Zeit hat sich die baskische Einteilung des Farbspektrums im Sande verlaufen, und es bleiben nur gewisse Spuren lexikalischer Verwirrung.

Andererseits ist es interessant, die Symbolik der Farbe Grau genauer zu betrachten. Grau ist die Farbe der Neutralisation. Es ist eine Farbe, die beim Mischen aller Farben entsteht und daher nirgends zuzuordnen ist, eine Farbe ohne Kraft, fade und blaß.

Die gewöhnlichen Dinge sind grau, die Feuchtigkeit ist grau, die Kälte ist grau, die Müdigkeit, die Stille, auch die Mutlosigkeit ist grau, die Demut und die Mühseligkeit, auch die Asche ist grau. Grau ist auch der Zweifel.

(22. März)

Bei abnehmendem Mond

Gestern, um zehn Uhr abends, hat allem Anschein nach ein Kommando der CAA (Comandos Autónomos Anticapitalistas) versucht, mit einem Boot Typ Zodiac in Pasaia, einem Vorort von Donostia, einzulaufen. Die spanische Polizei erwartete sie in einem Hinterhalt und tötete sie mit mehreren Schüssen, als sie an Land gingen. Pedro Mari Isart und Dionisio Aizpurua aus Azpeitia und Jose Mari Izurza und Rafael Delas aus Iruñea fielen tödlich getroffen, jeder von mehr als zwanzig Kugeln durchbohrt. Sie sind ganz schön tot, erklärte der Gouverneur von Gipuzkoa im Radio.

Auf der Tankstelle von Miarritze St. Martin haben sie heute mittag Xabier Perez de Arenaza aus Arrasate getötet. Wie es scheint, hat sich jemand an ihn herangemacht, während er sein Auto volltankte, und von nahem auf ihn geschossen. Unmittelbar darauf erklärte sich die GAL verantwortlich. Hier ist der Nachmittag trist. Seit über einem Monat haben wir die Zellen nicht verlassen, und zudem gibt es keine guten Nachrichten. Manchmal hat man das Gefühl, daß unsere Toten und unsere Träume sich in den Hohlräumen der Erde ansammeln.

Vom Fenster aus fällt der Blick auf den Hof voller Müll und Pfützen. Manchmal sieht man Kaulquappen, die sich mit kurzen, nervösen Schwanzschlägen bewegen.

(23. März)

Blindes Mädchen

Stell dir ein blindes Mädchen vor, das auf einem kleinen Akkordeon spielt, um sich sein Brot zu verdienen. Vielleicht auch nicht, um sein Brot zu verdienen, es könnte auch einfach so spielen.

Es gibt ein wirklich herzergreifendes Bild des Präraffaeliten John Everett Millais, *Das blinde Mädchen*, das 1856 gemalt wurde. Nach einem Platzregen sitzt das blinde Mädchen mit seiner jüngeren Schwester am Wegesrand. Der Himmel ist grau, auf dem Hügel im Hintergrund des Bildes erblickt man eine Stadt zwischen Bäumen, auf einer Wiese sind ein paar weidende Tiere und etwas mehr im Vordergrund einige dunkle Vögel zu sehen. Sich an den Händen haltend, haben die beiden Schwestern ihre Köpfe mit der Kapuze des blinden Mädchens bedeckt. Die große Schwester trägt ein Schild auf der Brust, auf dem steht, daß sie blind ist, und auf dem Schoß liegt ein stilles Akkordeon. Ihre Kleider sind verblichen, aber ihr Haar ist sauber und scheint frisch gekämmt.

Ein Schmetterling hat sich auf der dunklen Kapuze niedergelassen, unbemerkt, so daß keine der beiden ihn sehen wird. Vielleicht symbolisiert er den Frühling. Die kleine Schwester schaut unterm Kapuzenrand zum Regenbogen hin, der über dem Hügel erschienen ist.

Aber das blinde Mädchen hat die Augen halb geschlossen und schaut ins Nichts. Wäre sie nicht blind, würde der Regenbogen sicher bei weitem nicht so schön sein.

(25. März)

Die Meerjungfrauen

Der zwölfte Gesang der alten Odyssee bringt Kunde von den Sirenen. Die griechischen Sirenen von einst waren halb Frau und halb Vogel, von der Taille aufwärts Frauen und von der Taille abwärts Vögel.

Sie bewohnten eine unbekannte Insel im Mittelmeer und lockten die Seefahrer mit ihren geheimnisvollen und verführerischen Gesängen in den Tod. Doch so sehr sie es auch versuchten, gelang es den Sirenen nicht, den Willen des Helden Odysseus zu brechen, der die Ohren der Mannschaft mit Wachs verstopft und sie aufgefordert hatte, ihn am Mastbaum festzubinden und selbst wenn er sie darum bitten würde, die Fesseln zu lösen, diese fester zu ziehen.

So lauschte, nach Homer, der Held dem Gesang der Sirenen. Die Worte der Sirenen waren folgende:

»Komme doch, weithin gerühmter Odysseus, du Stolz der Achaier, steure das Schiff an das Ufer, um unserem Gesange zu lauschen! Niemand fuhr noch im dunklen Schiff an der Insel vorüber, ohne die lieblichen Töne aus unserem Mund zu genießen. Setze die Fahrt zufrieden dann fort und reicher an Wissen.« Aber Odysseus erlag ihren Reizen nicht. Auch seine bescheidene Bitte an Perimedes und Eurilochos vermochte seine Freunde nicht zu verwirren. Und nach bestandener Prüfung wandte er sich gen Skylla und Charybdis und setzte seine Reise ins ferne Ithaka fort.

Obwohl die Sirenen in jenen ersten mediterranen Überlieferungen halb Frau und halb Vogel waren, verbreitete sich später, vielleicht unter dem Einfluß der Mythologie Nordeuropas, eine andere Vorstellung von den Sirenen, die schon im Mittelalter vorherrschend war. Ihr zufolge war die Sirene halb Frau und halb Fisch, von der Taille aufwärts Frau, von der Taille abwärts Fisch.

Der Name, unter dem sie bekannt ist, veränderte sich von dem lateinischen Ausdruck *siren* zu *serena* in den romanischen Sprachen. Er wurde ihnen aufgrund der stillen Heiterkeit ihres Gesangs, der so süß und lieblich ist, gegeben. In neueren Wörterbüchern werden wir trotzdem die Ausdrücke *sirène* im Französischen, *sirena* im Spanischen finden. Im Englischen *siren* oder *mermaid*. Im Baskischen hat man außer *sirena* oder *zerena* vor allem das Wort *lamia* verwendet, genaugenommen *itsas lamia* (Meereslamia), aber auch *maitagarri* (Fee) und *arrainandere* (Fischfrau). In der Dichtung unseres Jahrhunderts kommt auch häufig der Begriff *itsasneka* (Meermädchen) vor.

Das Sinnbild der Sirenen kann in den verschiedenen Mythen und Legenden auf die gleiche Weise gedeutet werden. Es entspricht dem Bild der Sirene, die zugleich attraktiv und hinterhältig ist. Wenn das Leben eine Reise ist, eine immerwährende Reise nach Ithaka, dann sind die Sirenen ein gefährlicher Reiseabschnitt, der Inbegriff der weltlichen Wünsche, die Allegorie der trügerischen Wonnen des Lebens.Die Sirenen sind unsagbar verführerisch, so verführerisch, daß sie den Mann zum Gefangenen ihrer Liebe machen.

Hier liegt ein Geheimnis verborgen, das die Gelehrten im Lauf der Jahrhunderte immer wieder zu ergründen suchten und dessen eindeutige Entschleierung ihnen nie gelungen ist. Es geht darum, wie die körperliche Liebe zwischen der Sirene und ihrem Liebhaber vollzogen wird. Die Gelehrten haben die unterschiedlichsten Vermutungen hierüber aufgestellt, einige glauben, die Sirenen würden durch einfache Küsse schwanger, andere sagen, daß die Liebe nur eine Frage der Annäherung sei. Doch nach Aussagen der galicischen Seefahrer, die sicher etwas davon verstehen, läßt die Sirene, wenn sie und ihr Liebhaber sich in der Liebe und im Moment des Geschlechtsaktes vereinen, ihren Schuppenschwanz herunter, so selbstverständlich, wie sich jemand einen Rock auszieht.

Heutzutage gibt es weder an unseren Küsten noch auf hoher See Sirenen. Die Küstenwache, die Sommerurlauber an den Stränden, die Handelsschiffe und die Ölpest haben sie aus unseren Gewässern, dem kantabrischen Meer und sogar aus den tieferen Ozeanen vertrieben. Niemand weiß, wo sie sich verborgen halten.

Die Sirenen tauchen nicht mehr auf, nur noch in dem einen oder anderen Gedicht. Zum Beispiel am Ende des wunderbaren Liebesliedes *The Lovesong of J. Alfred Prufrock* des Dichters T.S. Eliot:

Ich glaube nicht, daß ihr Gesang mir gilt.
Ich sah sie meerwärts auf den Wellen reiten
Und kämmen weißes Wellenhaar im Flug,
Als Wind das Wasser weiß und schwarz zerschlug.
In Meergewölben ward uns Aufenthalt
Bei Meermädchen in rotbraunen Seetangs Winken,
Bis Menschenlaut uns weckt, und wir ertrinken.
(26. März)

Das Universum als Farbsinfonie

Durch die von Albert Einstein und anderen durchgeführten Studien weiß man, daß das Licht eine Form der Strahlung ist und auch daß die Farben des Spektrums nach ihrer Wellenlänge in Nanometer gemessen werden, wobei man sich zwischen den 400 nm des Violetts und den 780 nm des Rots bewegt, denn unterhalb dieser Werte liegen unsichtbare ultraviolette elektromagnetische Wellen und darüber infrarote Wärmestrahlen.

Doch die physikalische Auffassung des Lichts bringt uns bei unseren Überlegungen hinsichtlich der Farben nicht weiter, und wir müssen andere Wege suchen. Betrachten wir die Dinge unserer Umgebung, die Farben und Schattierungen, und lassen wir sie wirken, um zu sehen, was sich uns zeigt. Erste Entdeckung: Liegt auch der Ursprung der Farbe im Licht, so konkretisiert diese sich doch in der Materie und wird zu einem ihrer Merkmale. Blut und Rot zum Beispiel, Materie und Farbe, hängen zusammen. Das Gras an sich ist grün. Jedes Ding hat seine Farbe, der Schnee kann nur weiß sein, nie werden wir uns eine Kuh blau vorstellen.

Zweite Entdeckung: Vor unseren Augen tauchen keine einzelnen Farben auf, im selben Augenblick erscheint eine Farbenvielfalt, und in genau dieser Gleichzeitigkeit unterschiedlicher Farben, in deren Vermengung und Verbindung, nehmen wir jede einzelne Farbe wahr. Es gibt kein reines Blau, zumindest nicht unter mehreren Gegenständen, das Blau erscheint in Verbindung mit anderen Farben. Mehr noch, jede Farbe weckt entsprechend der Farben ihrer Umgebung unterschiedliche Eindrücke. Grün zum Beispiel manifestiert sich neben Rot anders als neben Blau.

Dritte Entdeckung: Räume und Formen finden durch Farben zum Zusammenklang. Das Universum, das Universum der Dinge, die uns umgeben, ist eine Farbsinfonie. Der Raum, die Formen und ebenso die Gefühle fügen sich chromatisch zusammen.

Fünfte Entdeckung: Es ist schwer, mehr als drei Farben gleichzeitig mit derselben Intensität zu betrachten. Die Optiker wissen das genau, und noch besser wissen es die Plakatdesigner. Auch die Maler beherzigen diesen Grundsatz in ihren Bildern, und selbst wenn sie mehr als drei Farben verwenden, studieren sie sorgfältig ihr Gleichgewicht, damit der Blick am Bild nicht scheitert. Doch womöglich liegt es nur an den Augen, daß mehr als drei Farben den Blick verwirren? Oder ist es vielleicht ein tieferliegendes Problem, eines der Vorstellungskraft, des Geistes? Nachdem ich es anhand von Gedichten erprobt habe, neige ich dem Gedanken zu, daß es über eine visuelle Anekdote hinaus ein Problem der Vorstellungskraft ist. Man muß ein literarisches Werk wie ein Gemälde entwerfen, um das Gleichgewicht zwischen den Farben und der Stimmigkeit des Bildes herzustellen.

Die sechste Entdeckung ist im Grunde gar keine Entdeckung, es ist die altbekannte Einteilung der Farben in warme und kalte. Wie man sagt, sind Gelb, Orange und Rot – und in dieser Reihenfolge mit zunehmender Intensität – warme Farben, während Grün, Blau und Violett – ebenfalls in zunehmendem Maße – kalte Farben sind. Die warmen Farben sind lebhaft, die kalten Farben ohne Leben, die warmen Farben sind Bewegung, die kalten Ruhe.

(27. März)

Über das heutige Denken

Schon 1926 stellte der Philosoph Benedetto Croce in seinem Essay *Punti di Orientamento della Filosofia Moderna* unter anderem fest, daß in der früheren Philosophie zwei unterschiedliche Denkweisen oder Ideen vorherrschten, die heute veraltet und dem modernen Denken fremd seien, nämlich zum einen die systematische und definitorische Philosophie und zum anderen die Metaphysik.

Heute spricht man kaum noch von der Metaphysik, man gibt vor, sowohl die experimentell erforschte Realität als auch alles über sie Hinausgehende empirisch ergründen zu können. Und da die Realität selbst weder eindeutig strukturiert noch triftig ist, oder wir sie nicht so wahrnehmen, bemüht sich niemand um ein systematisches und definitorisches Denken.

Das traditionelle aristotelische Denken ist überholt, die rationale und kohärente kartesianische Denkweise ist aufgebrochen, der allumfassende und hierarchische Enzyklopädismus hat abgedankt. Das gegenwärtige westliche Denken, zumindest das für die heutige Zeit charakteristische, gleicht einer mit zahlreichen und vielfältigen Einzelteilen gefüllten Schatulle, deren Deckel offensteht. Es gibt sie nicht mehr, die eindeutig festgelegten und aufeinander aufbauenden Kategorien anderer Zeitalter, die nach Beständigkeit und Ewigkeit strebten. Heute schöpfen wir unser Wissen aus vielen verschiedenen Quellen.

Wir wissen, daß eine Ideologie allein nicht ausreicht, um die Welt zu erklären, und in gewissem Maße sind wir auf alle vorhergehenden angewiesen, denn die Welt und die Kultur, in der wir leben, sind so komplex, daß man sich nur noch schwer zurechtfindet.

Wie schon der Soziologe Abraham Moles sagte, leben wir in einer fragmentarischen, verwirrenden und unsicheren Kultur. Die Ordnung und die Hierarchie des traditionellen Denkens sind zerstört, und anhand von zwei einleuchtenden Grafiken beschreibt er das Schema des jeweiligen Kulturtyps:

Traditionelle Kultur   Moderne Kultur

So sehen sie aus, die traditionelle, geordnete Kultur, die auf der Grundlage einer vorherrschenden Idee und einer festgefügten und allgemeinverbindlichen Ordnung aufgebaut ist, und die moderne, ungeordnete und unbeständige, vielschichtige und fragmentarische Kultur.

Die Literatur und das Denken sind Spiegelbilder der Kultur. Heutzutage ist es undenkbar, daß jemand etwas mit der *Divina Commedia* Vergleichbares schreiben könnte, die gegenwärtige

Poesie ist den fragmentarischen Arbeiten von Ezra Pound, T.S. Eliot oder Fernando Pessoa unweigerlich näher. Mit dem Denken verhält es sich ebenso. Karl Marx ist unentbehrlich, um die Welt zu ergründen, doch er ist unvollständig, Sigmund Freud trägt zur Klärung bei, doch er ist nicht ausreichend, und auch Albert Einstein ist nicht ausreichend, denn die Wirklichkeit ist ungemein vielfältig und wechselhaft.

Wenn die Wirklichkeit offen ist, wäre es unangebracht, unser Denken zu verschließen. Das Leben und das Denken kann man weder aus einem Katechismus noch aus irgendeinem Handbuch erlernen. Unsere eigene Erfahrung ist es, die im Innern dieses Urwaldes, den wir durchqueren, Wege erkennen, auswählen oder eröffnen muß. Jeder einzelne muß seine persönliche Ordnung zusammenfügen, indem er Dinge auswählt oder ablehnt, andere vergißt oder liebt, und den geliebten Einsatz schenkt und Sinn verleiht.

(8. Germinal)

Die Symbolik der Farbe Rot

In der ägyptischen Symbolik ist Rot das Symbol des Feuers und der Liebe, in der keltischen Mythologie steht es für die Sonne, in der griechischen Mythologie für den Krieger Mars. In der christlichen Symbolik ist Rot die Farbe der Märtyrer, und in der heutigen, politischen Symbolik ist es das Symbol der radikalen und revolutionären Ideen.

Das Feuer, das Blut, die Sonne, die Wunde, die Rosen, das Fleisch sind rot. Auch die Lippen. Rot ist die Farbe, die die Tiere am besten erkennen. Die Stiere, die Hühner, die Frösche nähern sich dem Rot oder entfernen sich von ihm.

Rot ist gleichzeitig Liebe und Haß, Lust und Kampf. Es ist die Farbe des glühenden Lebens, der wilden Leidenschaft, des Verbots und der Zerstörung. Rot ist das Symbol der Kraft. Die

Sonne, das Blut und der Kampf erscheinen gewaltsam vereint in einer interessanten Person des Romans *Erec et Enide* von Chrétien de Troyes. Bei einer bestimmten Gelegenheit muß der Held gegen ein in Rot gekleidetes Pferd kämpfen, dessen Kraft mit dem Stand der Sonne wächst und schwindet.

Um die Mittagszeit ist seine Macht unermeßlich, wenn die Sonne sich neigt, wird es schwächer, und bei Einbruch der Nacht versagen seine Kräfte ganz. Es wird dem Helden nicht gelingen, das Pferd zu besiegen, bevor nicht der letzte Sonnenstrahl hinter dem Horizont verschwunden ist. Rot ist eine Farbe, die in die Augen sticht. Und das blasse Antlitz errötet vor Scham.

Die Farbe Rot ist das Symbol der Erotik und des Schmerzes, des Lebens, das entsteht, sie ist das Symbol der animalischen Leidenschaften, die im menschlichen Wesen wirken.

(30. März)

Das Insekt der Verwandlung

Prag, 1912. In einem einfachen Haus in der Charlottenstraße lebt die Familie Samsa. Fünf Personen: Gregor, die Hauptfigur der Erzählung; der Vater, der seine Arbeit aufgeben mußte, die kränkliche Mutter, die siebzehnjährige Schwester Grete und die sechzehnjährige Hausangestellte Anne.

Eine kleinbürgerliche Familie, die von der Arbeit des jungen Samsa, der Handelsreisender ist, lebt und vom Leben weder viel erwartet noch erhofft. Doch plötzlich, und ohne jegliche Vorankündigung, geschieht das Unfaßbare. Ich habe hier den Anfang der Erzählung:

»Als Gregor Samsa eines Morgens aus unruhigen Träumen erwachte, fand er sich in seinem Bett zu einem ungeheueren Ungeziefer verwandelt. Er lag auf seinem panzerartig harten Rücken und sah, wenn er den Kopf ein wenig hob, seinen gewölbten, braunen, von bogenförmigen Versteifungen geteilten

Bauch, auf dessen Höhe sich die Bettdecke, zum gänzlichen Niedergleiten bereit, kaum noch erhalten konnte. Seine vielen, im Vergleich zu seinem sonstigen Umfang kläglich dünnen Beine, flimmerten ihm hilflos vor den Augen.«

Was für eine Art Tier ist Gregor Samsa nach der Verwandlung? Vladimir Nabokov versuchte es nach den Regeln der Zoologie zu definieren. Gregor Samsa ist, wie die Spinnen, die Tausendfüßler und die Schalentiere, ein Gliederfüßler. Wäre er ein Insekt, hätte er nicht mehr als sechs Beine, und im Text wird von vielen Beinen gesprochen, aber für den, so Vladimir Nabokov, der mit zwei Beinen schlafen geht, sind sechs beim Aufwachen viele, so viele, daß er sich vielleicht verzählt hat und in Wirklichkeit gar nicht mit mehr als sechs Beinen aufgewacht ist.

Trotzdem ist es meiner Meinung nach möglich, daß mit den vielen Beinen von Gregor Samsa mehr als sechs gemeint sind, zum Beispiel zwölf oder vierundzwanzig Beine. Franz Kafka wußte sicher nicht, daß Insekten nicht so viele Beine haben, und schuf das einzige Insekt, das mehr als sechs Beine hat. Zudem ist es beidseits konvex, denn es hat einen harten Rückenpanzer und sein Bauch ist mit Hornhautringen bedeckt und von dunkler Farbe.

Wir sind mit der Definition des Insekts ein wenig vorangekommen, doch fahren wir mit anderen Merkmalen fort:

»Gregors Blick richtete sich dann zum Fenster, und das trübe Wetter – man hörte Regentropfen auf das Fensterblech aufschlagen – machte ihn ganz melancholisch. ›Wie wäre es, wenn ich noch ein wenig weiterschliefe und alle Narrheiten vergäße‹, dachte er, aber das war gänzlich undurchführbar, denn er war gewöhnt, auf der rechten Seite zu schlafen, konnte sich aber in seinem gegenwärtigen Zustand nicht in diese Lage bringen. Mit welcher Kraft er sich auch auf die rechte Seite warf, immer wieder schaukelte er in die Rückenlage zurück. Er versuchte es wohl hundertmal, schloß die Augen, um die zappelnden Beine nicht sehen zu müssen, und ließ erst ab, als er in der Seite einen noch nie gefühlten, leichten, dumpfen Schmerz zu fühlen begann.«

Der Abschnitt bietet uns einige neue Anhaltspunkte. Gregor Samsa hat etwas von einem Käfer, denn er kann sich nicht auf die Seite legen. Und die Augen? Es heißt, daß er die Augen schloß, doch wie Vladimir Nabokov versichert, haben normale Käfer keine Lider und können die Augen nicht schließen, folglich hat er noch menschliche Augen. Vladimir Nabokov schlägt die Hypothese vor, daß die Verwandlung sich noch nicht vollständig vollzogen hat, Gregor verwandelt sich im Lauf der Erzählung, immer mehr gleicht er einem Insekt, und Schritt für Schritt entwickelt er mehr Insekteninstinkte als menschliche Gedankengänge.

Auf das Rufen seiner Angehörigen hin wendet er sich mit seinem schwerfälligen Körper der Tür zu, um diese zu öffnen, wobei er die Kontrolle über seine Füße verliert, während seine Worte immer unverständlicher klingen. Draußen erwarten ihn seine Familie und der Lagerverwalter, und mühsam gelangt Gregor Samsa bis zur Tür:

»Gregor schob sich langsam mit dem Sessel zur Tür hin, ließ ihn dort los, warf sich gegen die Tür, hielt sich an ihr aufrecht – die Ballen seiner Beinchen hatten ein wenig Klebstoff – und ruhte sich dort einen Augenblick lang von der Anstrengung aus. Dann aber machte er sich daran, mit dem Mund den Schlüssel im Schloß umzudrehen. Es schien leider, daß er keine richtigen Zähne hatte – womit sollte er gleich den Schlüssel fassen? –, aber dafür waren die Kiefer freilich sehr stark, mit ihrer Hilfe brachte er auch wirklich den Schlüssel in Bewegung und achtete nicht darauf, daß er sich zweifellos irgendeinen Schaden zufügte, denn eine braune Flüssigkeit kam ihm aus dem Mund, floß über den Schlüssel und tropfte auf den Boden.«

Womöglich hat er die Größe eines Hundes, denn er erreicht das Türschloß. Er hat weder Schneide- noch Backenzähne und besitzt die harten Kiefer eines Käfers. Dies ist die Rekonstrukton, die Vladimir Nabokov vom Insekt Franz Kafkas vornimmt. Ich für meinen Teil würde ihm mehr Beine geben, aber belassen wir es bei sechs, die ausreichend sind und ihm erlauben Insekt zu sein.

Im Februar 1915 erfuhr Franz Kafka, daß der Illustrator einige Zeichnungen für die zweite Auflage von *Die Verwandlung* gemacht hatte und daß eine der Zeichnungen, die für den Bucheinband vorgesehene, das Insekt darstellte. Erschrocken schrieb Franz Kafka an seinen Verleger Kurt Wolff. »Bitte nur das nicht! Das Insekt darf nicht gezeichnet werden, man darf es nicht betrachten, nicht einmal von weitem.«

Nachdem wir es rekonstruiert haben, werden wir es deshalb dekonstruieren, das Bild ausradieren und die schemenhaften und furchtbaren Umrisse des Tiers so lassen, wie sie ursprünglich waren.

(1. April)

Bla Bla Bla

Wie viele Worte werden gesagt, nur um Leerstellen im Diskurs zu füllen? Wie viele Worte werden ohne Sinn dahingesagt, die völlig nichtssagend sind? Warum so viele?

Um Gedächtnislücken zu überspielen, um Irrtümer zu verbergen, um unsere Sprachgewandtheit vorzuführen, um Gedanken an den Tod zu verdrängen.

Wortburgen. Unser Verstand wagt es nicht, sich außerhalb der Wehrmauern frei zu bewegen, und verschanzt sich hinter Wortzinnen. Aber Wort für Wort hören die Worte auf Stimmen zu sein und werden zu Lärm.

Stimmgewirr, das unaufhörlich niederprasselt, wie Regen auf schon feuchte Landstriche, der die Dinge durchnäßt und die Welt aufweicht.

Worte wie Platzregen, mal hier, mal dort, die den Stein aushöhlen, die Sinne verwirren, das Holz zerfressen, die Gefühle zerreißen, den Pflanzen nur ein viel zu kurzes Leben zugestehen, Ideen verbreiten, die mit dem Verfallsdatum versehen sind.

Stellen wir uns vor, jedes überflüssige Wort würde uns ein wenig benässen. Wie lange müßten wir Schweigen bewahren, um zu trocknen, um all das überflüssig und sinnlos Gesagte gutzumachen?

Und trotz alledem, wichtiger als Worte ist der lange Atem. Wir müssen Gedächtnislücken schließen, die Aufrichtigkeit unseres Denkens verteidigen, stolz sein auf die Kompetenz unseres Sprachschatzes, wir müssen ein für alle Mal lernen, von der Tragweite unserer Anliegen überzeugt zu sein.

Wir brauchen Regenschirmworte. Und Worte, um zu leben. Wie hart ist die Stille, bis wir uns dereinst niederlegen, auf daß unsere Knochen verbleichen.

(3. April)

Alte Chroniken

Der Chronist Lope García de Salazar erzählt im XXIII. Kapitel seines Buches *Las Bienandanzas y Fortunas* neben anderen furchtbaren Geschichten von den Kämpfen, die um das Jahr 1200 herum zwischen den Sippen Gebara und Mendoza auf alavesischem Boden stattfanden, eine der unbarmherzigsten Episoden der überlieferten Geschichte des Baskenlandes.

In jenem 12. oder 13. Jahrhundert kämpften die Sippen der Mendoza und der Gebara auf alavesischem Boden um die Vorherrschaft.

Im Bemühen um einen Friedensschluß überlegte man, die beiden Sippen durch eine Heirat zu einen, und Iñigo de Gebara nahm die Schwester von Lope González de Mendoza zur Frau. Doch die Eheleute entzweiten sich bald, und die Frau Iñigo de

Gebaras kehrte ins Haus der Mendoza zurück. Sie erzählte ihrem Bruder, daß sich Iñigo de Gebara, nachdem er mit ihr zu Abend gegessen hatte, mit einem Dienstmädchen, das sie im Hause hatten, niederlegte.

»Und aus diesem Grund wuchs soviel Abneigung«, schreibt Lope García de Salazar in seiner Chronik, »daß besagter Don Lope González, um dem anderen Schande zuzufügen, mit der besagten Schwester schlief und die Mitgift zurückforderte, die Don Iñigo mit ihr erhalten hatte.«

Iñigo de Gebara gab Lope González Hab und Gut zurück, ausgenommen ein vorzügliches Kuhhorn, welches er nicht zurückgeben wollte.

Daraufhin gab es Probleme wegen des Hornes, und da jeder es beharrlich für sich beanspruchte, kamen sie vor Zeugen in Estibalitze zusammen und forderten sich unter gegenseitigen Beschimpfungen zum Kampf auf dem Berg Arrato heraus, denn wo sie waren, erlaubte man ihnen nicht, sich zu töten.

Am anberaumten Kampftag wartete Lope González de Mendoza mit seinen Verwandten auf dem Berg Arrato. Iñigo de Gebara rückte mit größerer Streitkraft an, denn neben seinen Verwandten führte er die Gamboinos von Gipuzkoa mit sich.

»Señor«, sagte der Schwiegersohn zum Señor de Mendoza, »diese Leute werden soviel zu erleiden haben, daß wir auf jenem Hügel verweilen sollten, bis die Leute aus Ones angekommen sind, die hinter Ihren Nachbarn kommen.«

»Man sieht wohl«, antwortete Lope González de Mendoza seinem Schwiegersohn, »daß Ihr mein Schwiegersohn seid, denn wäret Ihr mein Sohn, würdet Ihr nicht vorschlagen, den Kampfplatz zu verlassen und ohne Wunden zu fliehen, und verflucht sei die Stunde, in der ich solche Tochter zeugte.«

»Señor«, sagte daraufhin der Schwiegersohn, »wenn Ihr so denkt, werden wir gleich sehen, wer als erster die Flucht ergreift.« Und als der Kampf entbrannte, machten die Gamboinos von der Küste die Verwandten von Mendoza mit zahlreichen

Armbrüsten nieder und töteten alle Familienoberhäupter. Der Schwiegersohn starb, ebenso der Schwiegervater. Lope González de Mendoza nahmen sie zudem den Panzerschurz ab, um ihn an einem Stand auf dem Markt von Bitoria aufzuhängen. Und Iñigo de Gebara blieb Eigentümer des alavesischen Flachlandes.

Es überlebte ein fünfjähriger Junge, ein Sohn von Lope González, der von einer Amme gefunden und an irgendeinen Ort in Nafarroa gebracht wurde. Sein Name war Diego, doch weil er beraubt worden war, nannten sie ihn *Furtado*, den Beraubten. Als er volljährig war und mit dem Schwert geübt, kehrte Diego Furtado de Mendoza in seine Heimat zurück, um Genugtuung zu erlangen.

Dort machte er sich in einer mondhellen Nacht mit großem Gefolge zu den Toren des Schlosses von Gebara auf.

»Wer ist dort draußen und begehrt Einlaß«, fragte von drinnen ein betagter Herr. »Ich bin Don Diego Furtado«, lautete die Antwort aus der Nacht, »dessen Vater du ermordet hast und dessen Panzerschurz du auf dem Markt von Bitoria verkaufen ließest. Und ich möchte anstelle des Panzerschurzes deinen Kopf auf dem Markt sehen.«

»Du hast natürlich alles Recht, das zu tun, denn ich schnitt deinem Vater den Kopf ab. Und du sollst meinen Kopf abschneiden, wenn du es denn vermagst. Aber bemühe dich nicht, die Tore aufzubrechen, denn ich werde herauskommen, bin ich doch nicht der Mann, um im Versteck zu sterben.«

Und Iñigo de Gebara befahl, die Tore zu öffnen, doch als er herauskam, stieß er derart mit dem Kopf gegen die Türkante, daß er tot umfiel. Diego Furtado de Mendoza tötete die übrigen Bewohner des Hauses und enthauptete Iñigo de Gebara, denn der Kopf des Alten sollte als Genugtuung auf dem Markt von Bitoria hängen. Und man sagt, er habe lange Zeit dort gehangen, am gleichen Ort wie vormals der ergatterte Panzerschurz.

(5. April)

Das glückliche Ende

Das sogenannte *Hildebrandslied* ist ein altes germanisches Heldenlied, in Schriften des 9. Jahrhunderts aufgefunden. Seine Zeilen erzählen eine Geschichte von Goten, von Helden und vom Tod.

Der König verläßt sein Land und geht ins Exil, doch als dreißig Jahre vergangen sind, kehrt er mit einem Hunnenheer zurück. Der Held des Gedichtes, Hildebrand, ist einer der Ritter, die ehemals Frau und Kind verließen, um dem König in die Verbannung zu folgen. Nun führen die Zurückgekehrten von neuem Krieg gegen die Einheimischen.

In der Schlacht greift ein junger Mann Hildebrand an, und dieser fragt ihn, wer er sei. Der junge Mann antwortet »Hadubrand«. Eben dieser Hadubrand ist Sohn des Hildebrand. Der betagte Ritter sagt ihm, daß er sein Vater sei, aber der Junge glaubt ihm nicht, und es findet ein Kampf zwischen Vater und Sohn statt.

An diesem Punkt unterscheiden sich die verschiedenen Versionen der Geschichte voneinander, die verschiedenen Schriften, jede endet auf ihre Weise. In den älteren Versionen tötet der Vater den Sohn; so zum Beispiel in einer epischen Anthologie des 13. Jahrhunderts, *Heldenbuch* genannt.

In der *Thidrekssaga* des 13. Jahrhunderts und im *Jüngeren Hildebrandslied* des 15. Jahrhunderts versöhnen sich dagegen Vater und Sohn. Die letztere Version scheint eine Korrektur der ersteren zu sein, die offensichtlich zu blutrünstig war.

Das glückliche Ende, das wir heutzutage *happy end* nennen, ist, so der Filmemacher Fritz Lang, etwas ziemlich Neuartiges. Dieses relative Glück inszeniere man im allgemeinen nur in Gesellschaften, die dazu in der Lage seien, dem Individuum ein anständiges Leben und einen würdevollen Tod zu garantieren. Seiner Meinung nach entspricht das tragische Ende von

Geschichten Gesellschaften, die dem Schicksal unterworfen sind, und das glückliche Ende im Gegensatz dazu den Völkern, die ihre Zukunft in die Hand nehmen. So zog das alte Volk Griechenlands das tragische Ende vor, welches verdeutlichte, daß der Mensch ein Opfer des Schicksals ist, und mittels der *kartharsis* linderten oder sublimierten sie ihr weltliches Leid.

Die nordamerikanische Gesellschaft unseres Jahrhunderts verlangt im Gegensatz dazu ein glückliches Ende, um zu beweisen, daß man mit Tatkraft die Natur beherrschen und alle Probleme einer Zivilisation des Komforts meistern kann – oder weil sie beruhigende Vorspiegelungen braucht.

(6. April)

Die Dame des Webstuhls

Um 1850 herum schrieb Alfred Tennyson die in den Legendenzyklus König Arthurs eingebettete Ballade *The Lady of Shalott*. Gegen 1857 malte der präraffaelitische Maler W.H. Hunt dicht am Text entlang einige Darstellungen dieses Gedichtes.

Die geheimnisvolle Dame verweilt durch das Wirken des Schicksals auf der Insel Shalott gefangen und erahnt nur vage und oberflächlich, was in ihrer Umgebung und Camelot gerade geschieht. Dennoch webt sie aus ihren Vorahnungen einen magischen Schleier.

Sie hat das Gerücht vernommen, daß ein Fluch sie treffen werde, wenn sie herunterschaut.

Als der Ritter Lanzelot auf seinem Pferd still vor sich hin trällernd an der Bleibe der Dame vorüberzieht, ist sie der Schatten und Vermutungen überdrüssig. Die Dame will die Wirklichkeit erfahren, sie erhebt sich vom Webstuhl, macht einige Schritte durch das Zimmer und sieht eine weiße Schwertlilie, die am Fluß blüht, schaut zu den Schilffeldern und folgt mit ihren Augen dem Federschmuck, der sich Richtung Camelot bewegt. Die Dame erschrickt, der Stoff zerreißt, und der Spiegel zerbricht. Sie fällt auf die Knie, weil der Fluch sie trifft.

In der Illustration des Malers W.H. Hunt ist Jane Morris zu sehen, eines der weiblichen Modelle der präraffaelitschen Ästhetik, ebenso wie in den Arbeiten *Der verzauberte Merlin* von Edward Burne-Jones oder in der *Astarte Syriaca* von Dante Gabriel Rossetti.

Die Dame von Shalott befindet sich in einem kreisförmigen, engen Zimmer und arbeitet an einem runden Webstuhl, umgeben von ovalen Spiegeln. Jeder einzelne Spiegel zeigt eine andere Szene, christliche oder mythologische Figuren. Als sie dem sich entfernenden Ritter Lanzelot nachschauen will, umschlingt sie das Garn und nimmt sie wie in einem Netz gefangen.

Man sagt, daß es zwei Dinge gab, die A. Tennyson an der Darstellung nicht gefielen: daß der Webstuhl rund war und daß das Haar der Dame im Wind wehte. Auch wenn sie nicht das Gefallen des Autors fand, ist die Arbeit von W.H. Hunt interessant, denn der runde Webstuhl verstärkt auf unglaubliche Weise den magischen Kreis, in dem sich die Dame gefangen findet.

Neben der Darstellung von 1857 malte W.H. Hunt im Alter, gegen Ende des Jahrhunderts, die gleiche Szene in Öl. Die Dame barfüßig, das Zimmer ausgeschmückter, im Halbschatten, derweil sich der Ritter über eine leuchtende Wiese entfernt.

In der Ballade von A. Tennyson stirbt die Dame der Insel Shalott aus Liebe und Lebenslust. Weil sie wegen eines Liebesrufes aus der Außenwelt von ihrer Arbeit im verschlossenen, dunklen Zimmer abließ, verfängt sie sich im Lebensfaden und stirbt.

So wie in der Legende von Genf. Auch da zog Lanzelot vom See vorüber. Und wegen eines Blickes zerfiel das Königreich, die runde Tafel und die Welt des Rittertums.

Die Dame der Insel, so sagte der Maler W.H. Hunt, ist eine Seele auf der Suche, in einer entlegenen, dunklen Isolation, die sich verliert, weil sie dem Ruf der Welt erliegt. Wenn sie dem Ruf der Liebe nachgibt, wird sie sich in den Fäden ihres Webstuhls verfangen, in einem tragischen Spinnennetz.

(10. April)

Nicht anfassen

Ezkurdi verwandelte sich unter dem Einsatz riesiger Bagger und einiger Arbeiter aus einem Steineichenwald zu einer sonderbaren Marmorarchitektur. Gärten, Teiche, kleine Brücken und weicher Rasen.

Als wir Jungen sie zum ersten Mal betraten, hatten wir Angst, etwas zu berühren. Später machten wir uns alles durch Berührung zu eigen, manchmal steckten wir eine Zigarette zwischen die Bronzelippen von Fray Juan de Zumarraga, oder wir stahlen dem armen Geflügel im Taubenschlag Federn, denn wenn es Nacht wurde, war jenes Gebiet in unserer Hand.

Die siebte Dekade des Jahrhunderts nahm ihren Anfang, und für uns begann die zweite des Lebens.

Dort in Ezkurdi wurde unter dem Schutz des ersten Bischofs von Mexiko, die Treppen hinunter und halb um einen Teich herum, eine Kunstgalerie eingeweiht. Auch diese betraten wir beim ersten Mal mit Befangenheit. An der Tür gaben uns unbekannte Männer ein paar Eintrittskarten, ohne sich weiter um uns zu kümmern. Einer war Leopoldo Zugaza und der andere Jose Julian Bakedano. So betraten wir also mit unseren Eintrittskarten die weitläufige Galerie und beschauten die bunten, sich wie ein Ei dem anderen gleichenden Bilder, die an der linken Wand hingen.

Vor einem der Bilder hielten wir an. »Kann man es anfassen?« fragte mein Freund. »Bilder faßt man nicht an«, sagte ein anderer. Die Ölfarbe war großzügig aufgetragen, tausend blaue und gelbe Schattierungen setzten sich, ohne eine Figur zu bilden, zu einem geheimnisvollen Raum zusammen. »Hier ist niemand«, sagte ein dritter. »Man kann es anfassen.« Wir berührten es, und das Blau war sanft, mit einigen braunen, rauhen Zonen, das Gelb weich und glatt unter unseren scheuen Fingern.

Ich erinnere mich jetzt an jenen verbotenen Kontakt, weil er mit Sicherheit die erste Sünde gegen die Kunst war – wenn nicht die Sünde selbst eine Form der Kunst ist. Aber wenn es sauber ist, die Bilder anzuschauen, warum ist es dann schmutzig, sie zu berühren? Diese Frage hat mich lange Zeit beunruhigt, ohne daß ich eine Antwort gefunden hätte.

Doch beim Lesen von Leonardo da Vinci versteht man leicht, warum das Berühren verboten ist. In Leonardo da Vincis Abhandlung über die Malerei findet man die philosophischen Grundlagen der Tradition, die das Sehen über alle anderen Sinne stellt.

In der kulturellen Tradition des Okzidents hat man die Sinne in zwei Gruppen aufgeteilt: Es gibt anscheinend saubere Sinne und schmutzige Sinne. Das Sehen und das Hören sind die sauberen Sinne, sie sind die zwei feinen Sinne, die man pflegen muß. Der Tastsinn, das Riechen und der Geschmack hingegen sind schmutzige Sinne, und man muß sich vor ihnen hüten.

Die physische Nähe suchenden Sinne gelten im Okzident noch als Zeichen der Animalität. Die Malerei und die Musik hingegen erziehen uns in Distanz und Kontemplation.

(13. April)

Wladimir Majakowski

Am 14. April 1930 bringt sich Wladimir Majakowski in Moskau durch einen Revolverschuß ums Leben. Er hinterläßt einige beschriebene Blätter, eine Art Testament, und einige unvollendete Gedichte. Im Testament ist folgendes zu lesen:

»Die Tatsache, daß ich aus dem Leben scheide, sollt Ihr niemendem zum Vorwurf und, bitte, keineswegs zum Gegenstand von Klatschereien machen. Der Verstorbene hat dies ganz entsetzlich nicht gemocht.
Mama, Schwestern und Genossen, verzeiht mir – das ist keine Art (und ich rate anderen davon ab), aber ich habe keinen Ausweg mehr.
Lilja, liebe mich.
Genosse Regierung, meine Familie sind: Lilja Brick, meine Mama, die Schwestern und Veronika Witoldowna Polonskaja. Wenn Du ihnen ein erträgliches Leben bereiten magst, sage ich Dank.
Begonnene Gedichte sind den Bricks zu übergeben, sie werden sich darin zurechtfinden.

Der Zwischenfall ist, wie man sagt, bereinigt;
das Liebesboot mußte am Dasein zerbrechen.
Bin quitt mit dem Leben.
Unnütz und peinlich,
von wechselseitiger Kränkung zu sprechen.
Laßt, die ihr bleibt, es euch gut gehen.

Wladimir Majakowski
12/IV-30

Genossen von der WAPP, haltet mich nicht für kleinmütig. Im Ernst, da ist nichts zu machen.
Gruß.
Sagt dem Jermilow, es sei schade, daß ich meinen Wandspruch hab fallen lassen, ich hätte diesen Raufhandel bis zum Schluß durchstehn sollen.
W.M.
In meiner Tischlade liegen 2000 Rubel; tilgt damit meine Steuerschuld. Den Rest behebt beim *Giz.*«

Das Testament ist ein abschließendes Gedicht, es bedarf keiner Kommentare, einige Einzelheiten können jedoch hinzugefügt werden, um es verständlicher zu machen. Lilja Brick war lange Zeit die Geliebte Wladimir Majakowskis. Der Dichter lernte Lilja Brick und ihren Mann 1915 kennen, und es begann ein vielschichtiges Liebesdreieck. Veronika Witoldowna Polonskaja war verheiratet, Schauspielerin, und verbrachte mit Wladimir Majakowski das letzte Jahr seines Lebens, wollte ihren Mann jedoch nicht verlassen. WAPP ist der Name der Organisation proletarischer Schriftsteller.

Als *Das Schwitzbad* von Wladimir Majakowski, eine scharfe Kritik an der stalinistischen Bürokratie, uraufgeführt wurde, machten die proletarischen Schriftsteller, und vor allem Wladimir Jermilov, der zu diesem Zeitpunkt Vorsitzender des Vereins war, dem Autor bittere Vorwürfe. Daraufhin hängte Wladimir Majakowski an dem Ort, an dem das Werk uraufgeführt wurde, ein Antwortschreiben auf: »Es ist unmöglich, in einem einzigen Bad diesen ganzen Haufen von Bürokraten zu säubern, weder die Badewannen reichen aus noch die Seife. Außerdem ergreifen Kritiker wie Jermilow mit ihrer Feder Partei für die Bürokraten.«

Der Verein WAPP verbot den Text, und Wladimir Majakowski erklärte sich damit einverstanden, sein Papier abzuhängen. *Giz*, schließlich, ist der Staatsverlag.

(19. April)

Die Theorie vom ersten Irrtum

Im Leben eines Menschen oder in der Geschichte einer Gesellschaft gibt es immer einen ersten Irrtum, einen kleinen Irrtum, der unmerklich begangen wird.

Ein kurzer Fehltritt, doch dieser erste Irrtum hat weitere zur Folge, und die Irrtümer werden begangen und sammeln sich an, nach und nach, einer auf dem anderen. Auf lange Sicht erweist sich der Irrtum als zunehmend gewichtiger und unheilvoller.

Wie der Schriftsteller Julio Ribeyro sagt, haben Irrtümer die Eigenschaft, sich anzuhäufen. Dies könnte durch einen Zug versinnbildlicht werden, der vom Weg abkommt, z.B. durch eine falsch gestellte Weiche. Es war ein Irrtum des Weichenstellers, der die Weichen nicht gerade gestellt hat; ein kleiner Irrtum. Auch der Zugführer hat sich geirrt, weil ihm nicht aufgefallen ist, daß er den falschen Weg eingeschlagen hat. Sogar die Frau, die diesen Zug bestiegen hat, hat den Irrtum begangen, gerade diesen Zug zu besteigen, keine andere Zeit gewählt zu haben, um auf Reisen zu gehen. Herauszufinden zu wollen, wer wirklich der Schuldige ist, ist sicherlich absurd, doch der Zug setzt seine Fahrt auf falschem Weg fort, an fremden Bahnhöfen vorbei.

Stell dir nun einen anderen kleinen Irrtum vor: Der Zugführer, der vermutet, daß sie Verspätung haben, weil sie nirgendwo ankommen, erhöht die Geschwindigkeit. Oder die Frau, die sich nicht traut, zu fragen, warum ihr die Landschaft, die sie durchs Fenster sieht, unbekannt vorkommt, schläft ein. Oder, schlimmer noch, an irgendeinem Ort haben die Überschwemmungen vom Vorabend eine Brücke niedergerissen, über die der Zug fahren muß.

Zuerst ist ein kleiner Irrtum begangen worden. Niemand weiß, was danach geschehen wird, wo der Weg enden wird, in welchem Augenblick der Lauf der Ereignisse zum Stillstand kommen wird.

Es ist noch früh, die Männer des Gesetzes sind gerade aufgestanden und frühstücken, bevor sie die Zeitung lesen.

(15. April)

Das Weltbild

Es liegt auf der Hand, daß die Vorstellung, die wir vom Universum haben, uns beeinflußt, uns ein Bild unseres Daseins in der Welt eingibt, das heißt davon, was wir sind und wo wir uns befinden.

Das Universum der alten Astronomen – und selbst wenn sie modern sind, alt sind sie doch – Johannes Kepler, Galileo Galilei, Isaac Newton oder Pierre Laplace war ein umfassendes und geordnetes System. Für sie bildete das mit Himmelskugeln übersäte Universum ein in sich ruhendes und sich im Gleichgewicht befindendes System.

Für die alten Astronomen war die Wirklichkeit *Kosmos*. Für die heutigen Wissenschaftler gibt es weder Ruhe noch Gleichgewicht im Universum, es gibt keinen geordneten *Kosmos*, sondern ein *Chaos* ohne stabile Basis. Zwischen dem ursprünglichen *big bang* und der Entropie existieren nach heutigen Schätzungen ca. hundert Milliarden Galaxien.

Der Geozentrismus, der Heliozentrismus und alle übrigen Zentrismen haben sich als völlig falsch erwiesen. Auch der Anthropozentrismus ist unhaltbar geworden. Wir befinden uns zwischen dem Nichts und dem Unendlichen, zwischen dem Unendlichen und dem Nichts, zwischen weißen und schwarzen Löchern, in einer Wirklichkeit, die sich immer wieder von neuem zusammenfügt und zersetzt.

Aber was ist die Wirklichkeit?

Wenn wir das Chaos im Kosmos entdecken, wenn wir die Fortschritte der Wissenschaft verfolgen, müssen wir Zweifel eingestehen, wir wissen nicht, was Materie ist, was Bewegung ist, was Zeit ist, was Zufall ist und was einen Grund hat. Auch über die Erkenntnis wissen wir nichts, derweil wir eine Sprache über die Sprache schaffen.

Im Mittelalter war es einfacher, sich die Welt vorzustellen. Im 12. und 13. Jahrhundert gab es zahlreiche Bücher mit dem Titel *De Imagine Mundi*, die zusammenfaßten, wie das Universum war. Es gab zum Beispiel nur vier Elemente: die Erde, das Wasser, das Feuer und die Luft, die sich fortwährend mischten und veränderten.

In der Mitte von allem befand sich die Welt oder die Erde, wie in diesen Büchern zu lesen war, ebenso wie es im Eigelb einen Fettropfen gibt. Die von Dunst und Wolken bevölkerte Luft war das Eigelb. Außerhalb war der Raum des sogenannten *Äthers*, das Eiweiß. Und der Himmel schließlich war die Eierschale. Und wie ein riesiges Ei wurde das Universum allein durch die Allmacht Gottes zusammengehalten.

Das Universum war ein Ei, wir hatten ein kompaktes Konzept. Nun bleiben uns weder Ei noch ein letzter Halt, noch eine Metapher, um uns die Welt zu veranschaulichen.

Uns fehlen die Worte zum Verständnis des Universums. Uns fehlt das Wissen, unser Denken versucht, die Dinge zwischen Kosmos und Chaos zu unterscheiden. Doch was ist unser Denken zwischen Kosmos und Chaos? Die moderne Wissenschaft sagt, die Konzepte von Ordnung und Rhythmus des Universums seien falsch, und falls die Wissenschaft nicht selbst falsch ist, so ist sie zumindest kläglich. Wir haben keinen Referenzpunkt, es gibt keinen Rhythmus, immer entwickelt sich das Universum in Krisen und auf eine Weise, die uns in letzter Instanz verborgen bleibt. Wir selbst müssen unserem Leben einen Rhythmus und einen Sinn geben, unsere eigenen Wahrheiten suchen, über das Universum ebenso wie über unser eigenes Leben.

»Das, was wir Wahrheit nennen, ist nichts weiter als die geeignetste Hypothese«, sagte der Philosoph Ludwig Wittgenstein und bereicherte die Wissenschaft um eine grundlegende Einsicht, die auf ideologischer Ebene fundamental und für die Ethik unentbehrlich ist.

Wir selbst müssen Metaphern für die Welt und unser Leben schaffen, dabei unseren Rhythmus suchen, unsere Wahrheiten finden und sie mit anderen Wahrheiten in Einklang bringen. Leben ist fortwährendes Erforschen der Wirklichkeit, fortwährendes Üben der Unterscheidungsfähigkeit und der Vorstellungskraft.

(19. April)

Die Herstellung der Zeit

Und täglich wurden es mehr, die damit anfingen,
das zu tun, was sie »Zeit sparen« nannten.
Und je mehr es wurden, desto mehr folgten nach,
denn auch denen, die eigentlich nicht wollten,
blieb gar nichts anderes übrig, als mitzumachen.
Michael Ende

Stell dir vor, welche Bedeutung die Zeit für den Beduinen hat, der durch die Wüste Sahara reist, oder für den baskischen Seemann, der auf dem Meer Fische fängt, oder für den griechischen Bauern, der auf seinem Weinberg arbeitet, oder, warum nicht, für den Heiligen der Legende, der zweihundert Jahre, ohne es zu bemerken, damit verbrachte, dem Gesang eines Vögelchens zu lauschen. Für sie ist die Zeit der natürliche Rhythmus der Wandlungen. Der Frühling, die Nacht, die Mondphasen, das Fallen der Blätter, der Winter, der Wind aus Südost.

Die Zeit hat tausend Gesichter und mißt sich nicht exakt, sondern an unzähligen natürlichen, sozialen und persönlichen Wandlungen. Wir sprechen von ihr im Singular, doch in Wahrheit sind es zahlreiche und unterschiedliche Zeiten, jeder von uns hat seine eigene Zeit.

Die Zeitmessung nahm ihren Anfang, als die Zivilisationen entstanden: die Sanduhren, die Wasseruhren, die Sonnenuhren, die Öluhren. Sie waren nicht genau, gemessen an dem, was wir unter Genauigkeit verstehen, doch mehr Pünktlichkeit war nicht vonnöten in den Zeiten, die der Welt der Mechanik vorausgingen.

Die erste mechanische Uhr wurde, so sagt man, im 11. Jahrhundert in einem Kloster erfunden, um die Stunde des Glockenläutens anzuzeigen, denn die Mönche von damals sollten ein wohlgeregeltes Leben führen. Im 14. Jahrhundert waren die Uhren schon als Möbelstück in die großen deutschen Häuser eingezogen, und zumindest fehlten sie in keinem der reichen, großherrschaftlichen Wohnsitze, auch wenn sie immer noch ungenau waren. Die Uhren von damals hatten nur einen Zeiger, den Stundenzeiger. Im 17. Jahrhundert erfand man das Pendel, und die Uhr wurde um den Minutenzeiger erweitert. Der Sekundenzeiger hingegen wurde erst im 18. Jahrhundert eingeführt, in der beginnenden Epoche der Industriellen Revolution und des Kapitalismus.

Und so wurde die Uhr, neben den Sirenen und anderen Geräten und Kontrollinstanzen, in dem Maß zur bedeutendsten Maschine des industriellen Zeitalters, in dem die Zeit zum beherrschenden Wert der Arbeit und der Gesellschaft wurde. Mit Beginn der präzisen Zeitmessung wurden die peinlich genau gemessenen Stunden und Minuten zu etwas, das man kaufen und verkaufen konnte. Das heißt, die Zeit wurde zur Ware. »Zeit ist Geld«, ist ein elementarer Grundsatz der kapitalistischen Ideologie, ein Satz, der eine Zivilisation beschreibt, die das Leben in den Dienst des ökonomischen Gewinns stellt. »Zeit verlieren« hingegen gilt als Sünde, und jeder muß eine Uhr bei sich tragen, denn ohne sie kommt man zu spät zur Schule, in die Fabrik, in die Kirche, zum Zug oder ins Kino.

Und ob wir zu spät kommen oder nicht, in den letzten Jahren des 20. Jahrhunderts, gegen Ende der industriellen Zivilisation, hängen unsere Herzen an den Zeigern der Uhren. Unsere Uhren messen uns nicht nur die Zeit, sie stellen sie auch her, und die künstliche Regelmäßigkeit des monotonen und unaufhörlichen *Tick-Tack* verdrängt die natürlichen Abläufe und die inneren Rhythmen jedes einzelnen. Heute wird unser Leben nach der Zeit der Uhren organisiert, und wir unterwerfen uns dieser chronischen Knechtschaft, so daß uns kaum Zeit bleibt, nach unserer eigenen Zeit zu fragen und nach dem Sinn, den wir ihr geben wollen.

Die Zeit der Poesie ist eben diese andere Zeit, in der wir uns vom Wettlauf zurückziehen und wohnlichere Bereiche betreten.

(22. April)

Ein neuer Tag

Es ist verboten, die Fenster zu verhängen, doch gestern beschlossen wir, jeder eine Decke aufzuhängen, um gegen dieses Verbot zu protestieren.

Ich werde vor dem Wecken wach, von meiner dunklen Zelle aus sehe ich durch einen Schlitz in der Decke, wie das Morgengrauen einen bewölkten und diesigen Tag nach sich zieht. Ich sehe auch die anderen Fenster, in Reihe mit Decken oder Laken verdeckt wie verschiedenfarbige Lider im Schlaf.

Die Schritte der Beamten auf den Gängen, das Wecken und danach das Durchzählen. Ein Beamter nähert sich der Tür, blickt flüchtig durch das Guckloch und geht zu einer anderen Zelle weiter.

Danach bringen sie das Frühstück, wässerigen Kakao, aber ich frühstücke nicht und verlasse nicht einmal das Bett. Es scheint, daß die Beamten, nachdem sie das Frühstück verteilt haben, damit beginnen, die Decken zu entfernen. Lärm von Türen und Diskussionen auf einem anderen Gang, ich ziehe die Laken lang und decke mich bis an die Augen zu. Von Tür zu Tür nähern sie sich, gelangen zu meiner und öffnen sie.

»Nehmen Sie die Decke vom Fenster weg!« befiehlt einer der Beamten ungeduldig. »Nach den Vorschriften darf man keine Gegenstände vor dem Fenster haben«, sagt ein anderer.

»Werden Sie sie nicht wegnehmen?« fragt der dritte. »Wenn Sie die Decke nicht wegnehmen, haben wir den Befehl, sie zur Habe zu nehmen.«

»Ich werde nichts wegnehmen«, sage ich, »machen Sie, was Sie wollen.«

Sie öffnen den *cangrejo* und kommen gereizt herein, lösen die Decke vom Fenster und nehmen sie hinter sich her schleifend mit. Wieder schließt sich der *cangrejo* und danach die Tür.

Ohne aus dem Bett aufzustehen, sehe ich durchs Fenster, wie befugte Hände die Decken eine nach der anderen fortnehmen. Es sieht aus, als öffneten sich Lider, als öffneten sich eins ums andere die Lider eines tausendäugigen Ungeheuers, als öffneten sich augengleich die Fenster wie Augen dem neuen Tag.

(25. April)

Von neuem über die Sprache

Anscheinend ist für die Bewohner von Ataun das Echo die Stimme der Berge; man pflegt zu sagen *mendiak erantzun dik* (der Berg hat geantwortet). In Gorriti schreibt man das Echo den Wappenschildern zu: *harmarriak erantzun dik* (das Wappenschild hat geantwortet).

In einigen Zonen von Araba ist es die Dame von Anboto, die ruft. In anderen Gegenden von Bizkaia ist es *Marie Teilatukoa*, die antwortet.

Marie Teilatuko ist jenes Insekt, das die Wissenschaftler Coccinella septem punctata (Marienkäfer) nennen und das man in anderen baskischen Dialekten unter dem Namen *Mari Gonagorri*, *Amona Mantalgorri* oder *Kattalingorri* kennt, ein

Insekt, das man auf die Hand setzt, um je nachdem, ob es fliegt oder nicht, das Wetter vorherzusagen.

In Bermeo wird eine Geschichte zu dem Wort *ginbeleta* erzählt, ein Wort, das schon in den Schriften von Rafael Mikoleta auftaucht. Es heißt, daß einige Seeleute aus Bermeo in England an Land gingen und einer von ihnen einen Drillbohrer brauchte. Er betrat einen Laden im Hafen, um ihn zu kaufen, und versuchte, sich auf Spanisch verständlich zu machen: »Tienes birbiquí?« (Hast du einen Drillbohrer?). Doch der Ladeninhaber verstand ihn nicht.

Der Bermeaner sagte von neuem: »Einen Spitzbohrer, ein Ding, um Löcher zu machen!« Und da der andere ihn nicht verstand, sagte er: »*Selako jentie da hau ba!, ez dakijjie ser dan ginbeleta be!*« (Was sind das bloß für Leute, sie wissen noch nicht einmal, was ein Drillbohrer ist). Daraufhin antwortete der Ladeninhaber: »Oh, gimblet!«; und holte einen Drillbohrer unter dem Ladentisch hervor.

(26. April)

Rechts und links

Die Anthropologin Shirley Lindenbaum fand bei in Bangladesh durchgeführten Forschungen eine symbolische Ordnung, die die Beziehung zwischen Mann und Frau als auf Begriffen von rechts und links beruhend darstellte:

Die rechte Seite, die gute, entsprach den Männern, und die linke Seite, d.h. die schlechte, den Frauen. Die Ärzte fühlten den Männern an der rechten Hand den Puls und den Frauen an der linken. Die Amulette, die Krankheiten und böse Geister vertreiben sollten, wurden von Männern am rechten und von Frauen am linken Arm getragen. Die Wahrsager nahmen, wenn sie in der Hand lasen, bei Männern die rechte und bei Frauen die linke Hand. Theater durften nur die Männer spielen, doch sie konnten ebenso Rollen von Männern wie von Frauen darstellen, und zwar, indem die Schauspieler beim Sprechen die rechte Hand hoben, wenn sie eine Männerrolle rezitierten, und im Gegensatz dazu die linke heben mußten, wenn sie eine Frauenrolle spielten. Auch gab es zu den meisten Tempeln zwei Eingänge: einen rechten und einen linken.

(27. April)

Das poetische Bild

Jo no sóc més que un arbre que
s'allunyà del bosc.
Joan Vinyoli

»Ich bin nichts als ein Baum, der sich vom Wald entfernt hat, gerufen von einer Stimme aus den Tiefen des Meeres. Einsam habe ich mein Laub den Winden vom anderen Ufer überlassen...«

Dies sind die ersten Zeilen eines wundervollen Gedichtes von Joan Vinyoli.

Das poetische Bild ist eine Gans. Sie fliegt am Himmel entlang, und der Dichter hat nichts als einen schwerfälligen Bogen und einen Pfeil; es ist nicht leicht für diesen alten Jäger der Wirklichkeit, die Gans zu treffen, die im Flug vorübergleitet.

Dem Katalanen Joan Vinyoli ist die Vervollkommnung der alten Kunst gelungen: »Ich kann in der Erde keine Wurzeln mehr schlagen, um mich dort zu verankern, und aus meinen Blättern ziehe ich Einsamkeit.«

Beim Lesen dieses Gedichtes, »Ich bin nichts als ein Baum, der sich vom Wald entfernt hat«, muß ich an den sogenannten *Baum-Test* denken, der in der Psychiatrie angewendet wird. Dieser Test basiert auf der Theorie, daß die menschliche Persönlichkeit sich im Schema des Baumes widerspiegelt; das heißt, der Baum ist ein Symbol, seine Wurzeln sind die Füße, sein Stamm ist der Körper, seine Zweige sind die Arme und seine Blätter der Geist.

Aber die Poesie kommt der Wirklichkeit näher als die Psychiatrie, auch wenn sie vielleicht ungenauere Informationen gibt, denn Erfahrung und Phantasie sind bessere und wahrheitsliebendere Lehrer als die Wissenschaft.

Ich stelle mir Joan Vinyoli vor, wie er in irgendeiner dunklen Taverne auf einem Stuhl sitzt. Die Wurzeln herausziehen und weit fortgehen. Vielleicht hat Joan Vinyoli seine Wurzeln schon auf Herzenshöhe gebracht und kann bis zur nächsten Straßenecke gelangen, bis zum Ufer des Meeres, in irgendeinem Morgengrauen, und bis zur rastlos ersehnten letzten Ruhe. Den Wald hinter sich lassen, die Menge, diese heillose Hölle.

(28. April)

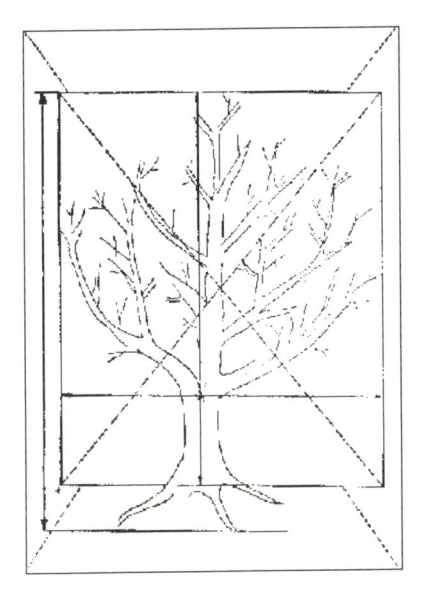

Oben:
Entfaltung,
Differenzierung
Späte Erlebnisspuren

Übergangslinie
Stamm-Krone

Unten:
Frühe Erlebnisspuren

Los, auszieh en!

Am Nachmittag öffnen sie die Zellentür und auch den *cangrejo*.
– Was ist los?
– Leibesvisitation. Kommen Sie raus aus der Zelle.
Ich gehe auf den Gang hinaus, und vier Beamte umringen mich.
– Los, ausziehen!
– Seit zwei Monaten bin ich nicht aus der Zelle herausgekommen, und Sie haben mich schon ich weiß nicht wie oft durchsucht.
– Wir haben unsere Befehle.
– Gut, dann durchsuchen Sie mich.
– Los, ziehen Sie Ihre Sachen aus.
– Ich werde meine Sachen nicht ausziehen.
– Sie wissen, was Sie erwartet, wenn Sie die Durchsuchung verweigern, dann wird erst mal die Guardia Civil kommen.
– Ich verweigere die Durchsuchung nicht, was ich sage, ist, daß ich meine Sachen nicht ausziehe, daß das Durchsuchen Ihre Sache ist.
– Wir sind nicht dazu da, jemanden auszuziehen.
– Also dann verstehe ich nicht, wieso Sie mich nackt haben wollen.
– Sie werden schon sehen, was Sie davon haben, wir werden in der Zentrale anrufen, und die Guardia Civil wird kommen.
– Gut.
Wieder in der Zelle schließen sich *cangrejo* und Tür, die Beamten gehen, und ich bleibe wartend zurück.
Vielleicht wird die Guardia Civil mit ihren Helmen und Waffen anrücken. Für den Fall, daß sie mich in die Strafzelle bringen, bereite ich einige Kleidungsstücke und Bücher vor, mal sehen, ob ich sie mitnehmen kann.

So nach einer Stunde kommen sie zurück, öffnen die Türen, holen mich raus, doch es sind keine von der Guardia Civil, sondern dieselben Beamten wie zuvor.
– Also los, wir werden Sie durchsuchen.
– Sie wissen schon, ich ziehe mich nicht aus.
– Wir haben von der Anstaltsleitung die Anordnung bekommen, daß wir Sie ausziehen sollen, aber sie sollten verstehen, daß das sehr schwer für uns ist.
Das gleiche von vorn.
– Wir werden Ihren Genossen nichts sagen, wenn Sie die Sachen ausziehen, niemand wird es erfahren.
– Und ich werde dem Direktor nichts sagen, wenn Sie mich nicht durchsuchen, aber ich ziehe mich nicht aus.
– Wir führen nur die Anordnungen der Anstaltsleitung aus, uns macht das auch keinen Spaß.
– Tatsache ist, daß Sie keine Gelegenheit versäumen, uns zu demütigen.
– Das stimmt nicht, wir führen nur Befehle aus.
– Also, ich ziehe mich nicht aus.
Am Ende zieht ein Beamter mir den Pullover aus, während ich steif stehenbleibe. Mit ungeschickten Fingern öffnen sie mir den Gürtel und, einen nach dem anderen, die widerspenstigen Hemdknöpfe.
Die Szene ist sonderbar, in einem langen Gang verschlossener Türen vier uniformierte Männer, die einen Jungen für nichts und wieder nichts ausziehen.
– Das reicht, Sie können sich anziehen.
Ich kehre in die Zelle zurück, und von neuem schließen sich die beiden metallischen Türen hinter mir.
Ich lege mich aufs Bett, denke daran, die eben gepackte Tasche auszupacken, und schaue aus dem Fenster.
Die Gitter von immer, sie gleichen einer grauen Harfe, die darauf wartet, daß jemand sie spielt.

(29. April)

Tradition und Synkretismus

Die Kulturen von heute sind nicht wie fest in der Erde verwurzelte Bäume, die ihre Zweige dem Wind aussetzen, ohne von der Stelle zu weichen. Heutzutage ist die Welt offen, wie nie zuvor in der Geschichte, und wir fühlen uns nicht nur als Teil unserer Heimaterde, sondern als Teil dieser ganzen Welt, die wir genausogut als unsere Heimaterde bezeichnen könnten.

Die Universalität ist nicht das Ergebnis einer militärischen Eroberung, auch wenn sich viele neue Machthaber in Nachahmung Alexanders des Großen darin versucht haben. Auch nicht, weil eine Weltsprache sich durchgesetzt hätte, denn trotz des Englischen bleibt die Welt ein Babel.

Mehr schon geht der Universalismus auf die ökonomische Expansion und den technologischen Fortschritt zurück, die mit ihrer wahrhaft kosmopolitischen Gier alles ebenso tiefgreifend wie Ungleichheit schaffend in Mitleidenschaft ziehen. Jedenfalls war die Entwicklung der Massenmedien in den letzten Jahrzehnten beeindruckend, die geografischen Kontakte haben sich vervielfacht, und die kulturellen Gewohnheiten haben sich universellen Leitbildern angepaßt.

Es gibt zwei vollkommen universale Sprachformen: die Bilder und die Musik. Die heute universalste Sprache ist die ikonische, also die durch Bilder vermittelte. Fotografien, Fernsehen usw. bieten uns ein sofort zur Verfügung stehendes und kaum zu überblickendes Wissen. In dem Maß, wie bestimmte Bilder auf der ganzen Welt verbreitet und popularisiert werden, leben wir Weltbewohner mit der Vorstellung, an ein und demselben Film beteiligt zu sein.

Die Bildersprache ist so universal, daß sie die Verwirrung des Turmes von Babel glättet. Doch es gibt noch eine andere universale Sprache, die der Musik. Sowohl die klassische Musik als auch der Rock sind universale Sprachen, die sich bis in die entferntesten Winkel der Erde ausgebreitet haben. Wissen bringen sie nicht, aber Wiedererkenntnis, so daß, wenn die Bilder uns ein kognitives Mittel der Verständigung in unserem Turm von Babel zur Verfügung stellen, uns durch die Musik ein ebensolches affektives Mittel gegeben ist.

Eine linguistische Uniformierung hat hingegen nicht stattgefunden. Nie hat eine Sprache die anderen ganz und gar beherrscht, und obwohl neue Wörter, die sich in den Wortschatz einfügen, allgemeingültig sind, bewahrt jede Sprache ihre eigenen Wurzeln. Und dank dessen überleben die Kulturen und Völker in ihrer Eigenart.

Um von uns selbst zu reden, so ist das Vaterland der Basken das Euskara, denn Heimat ist nicht nur Sprache, sondern sie ist Sprache und Tradition, die durch die Sprache unser Antrieb ist. Das Euskara ist unsere Heimat, doch eine Heimat, die über Generationen hinweg usurpiert und negiert wurde, denn wir Basken wuchsen inmitten eines unterworfenen und erniedrigten Volkes auf, dem eine andere Sprache und eine andere Kultur aufgezwungen wurde. Und diese auch von bodenstämmigen Vasallen mitgetragene Unterdrückung hat dazu geführt, daß uns noch immer die natürliche Beziehung zu unserer eigenen Sprache und Nationalität erschwert wird, so daß sich auf Euskara und nicht in einer anderen Sprache auszudrücken eine bewußte Wahl und kulturelle und politische Aktion bedeutet.

Ich glaube, daß wir Basken uns fast alle nach einem selbstverständlichen, praktischen und unschuldigen Gebrauch unserer Sprache sehnen, so wie wir uns nach einem Land sehnen, in dem wir unsere Nationalität nicht einfordern und immer wieder behaupten müssen, sondern ohne Einschränkungen und ohne Aufsehen zu machen Basken sein können.

Basken in der Weltgesellschaft, ohne sich aufzugeben noch abzugrenzen. Ohne die Wurzeln und die Loyalität gegenüber unserem Erbe zu verlieren, das was man Heimatverbundenheit nennen könnte, jedoch offen für die Universalität, für die Traditionen und Empfindungen anderer, die ebenso für Heimatverbundenheit stehen. Die Welt muß ein Teil von uns sein, wenn wir ein Teil der Welt werden wollen.

Man kann wirklich nicht sagen, daß die griechisch-lateinische Mythologie oder das religiöse Theater des Mittelalters oder die amerikanische Literatur oder die Quantenphysik nicht auch unser sind, sie sind es in dem Maß, wie wir an der Weltkultur teilhaben. Darüber hinaus, daß wir Erben unserer baskischen Kultur sind, sind wir Erben der Weltkultur.

Unsere uns eigentümliche Kultur ist beispielsweise die des *bertsolari*, doch Xalbador ist uns ebenso ein Genuß wie improvisierter Jazz, um ein Beispiel zu nennen. Wenn der Bertsolarismus uns eigen ist, haben wir uns den Jazz angeeignet, er ist nicht ausschließlich unser, wie der Bertsolarismus, doch dieser Jazz, der von so weit her wie New Orleans zu uns kommt, hat auch bei uns seinen Platz.

Niemand bezweifelt, daß Axular zum Kulturgut der baskischen Tradition gehört, auch wenn er in seinem Buch ebenso willkürlich wie andere eine Doktrin festlegt. Doch auch Shakespeare gehört zu uns, und wir haben die Übersetzungen in den bizkainischen Dialekt von B. Larrakoetxea. Die Loyalität unseren Vorfahren gegenüber vervollständigt sich durch die Anerkennung der Welt.

Eine der grundlegenden Charakteristiken der heutigen Kultur ist der Synkretismus, d.h. die Vereinigung von Kenntnissen und Gebräuchen, die aus unterschiedlichen Quellen und Nachlässen stammen, die Vermischung der Traditionen.

Die baskische Tradition hat, vielleicht weil sie einfacher Herkunft war, mit nach außen gerichtetem Blick gelebt und zum Synkretismus tendiert. Nie haben wir unsere Wurzeln vergessen, zumindest nicht die Sprache, doch wir wissen, daß durch das Römische Reich eine tiefgreifende Latinisierung stattfand, daß die jüdisch-christliche Zivilisation eindrang, vielleicht langsam, aber dennoch anhaltend, und daß der Katholizismus, vor allem seit dem Konzil von Trient, die Bräuche unserer Ahnen vollends bestimmt hat. Als Sabino Arana später die Reinheit und Abgeschlossenheit der baskischen Tradition verteidigte, übersah er, daß *Jaungoikua* (Gott) und *Lagizarra* (das alte Gesetz) verhältnismäßig neue Bestandteile der baskischen Tradition sind.

Ganz im Gegensatz dazu ist meiner Meinung nach eine der heilsamsten Eigenschaften der baskischen Kultur diese Offenheit, die es erlaubt, das Andersartige aufzunehmen und zu integrieren.

Ungeachtet dessen, daß wir Xabier Lizardi lieben, gibt es einen chinesischen Dichter, Li Po, oder, wie man heute sagt, Li Ho, den wir womöglich ebenso lieben, auch wenn er zeitlich und auf der Landkarte sehr weit von uns entfernt ist, auch wenn wir ihn nur in Übersetzungen lesen. X. Lizardi und Li Ho sind nicht unvereinbar, genausowenig wie Pero Meogo und Gabriel Aresti, sie ergänzen sich vielmehr.

Zu uns gehören Pierre Bodazarre und auch Vinicius de Moraes, die Alboka und der irische Folk. Wir hören Janis Joplin und Amancio Prada und Barrikada. Wir betrachten die Bilder von Hieronymus Bosch, von Aurelio Arteta und von Gustav Klimt oder R. Ruiz Balerdi.

Unsere Verwurzelung in der baskischen Sprache und Kultur soll uns nicht verschließen, sondern uns anderen Traditionen öffnen. Unsere Tradition ergänzt sich mit anderen Traditionen.

Die Universalität und der Synkretismus sind darüber hinaus, daß sie allgemeine Züge unseres Zeitalters sind, Dinge, die es uns ermöglichen, mehr zu erfahren, Besseres zu schaffen und solidarischer und freier zu sein.

(30. April)

Die Verrücktheit Hamlets

Wenn ich Hamlet lese, zerbreche ich mir den Kopf über die Verrücktheit des dänischen Königs, darüber, ob er wirklich verrückt ist oder nur vorgibt, es zu sein. Die Abgründe seines Geistes und die gewundenen Pfade seiner Worte gewähren wenig Aufklärung. Manchmal denke ich, daß Hamlet ein Gefangener seiner Verrücktheit und nichts als ein von den Ereignissen erdrückter Kranker ist. Andere Male kommt es mir vor, als sei er einfach ein Schauspieler, ein pathetischer Darsteller seiner eigenen Persönlichkeit.

Die Handlung des Werkes William Shakespeares ist bekannt, und bevor ihm der Aufstieg ins elisabethanische Theater gelang, tauchte sie in zahlreichen Sammlungen mittelalterlicher Legenden auf. In der Version von Saxo Grammaticus zum Beispiel war Hamlet ein Sohn des Königs von Jütland und der Königin von Dänemark. Der eigene Bruder tötet den Monarchen von Jütland, um sich danach mit der Königswitwe zu verheiraten, und daraufhin spielt Hamlet von Zweifeln geplagt den Verrückten, gefangen in tiefer Melancholie. Einmal erscheint ihm der Schatten dessen, der sein Vater gewesen war, erzählt ihm die Wahrheit und verlangt nach Rache. Doch Hamlet verzehrt sich zwischen Zweifel und Melancholie. Rache wird genommen werden, aber nicht durch den verrückten Prinzen, sondern durch den unausweichlichen Lauf des Schicksals.

Hamlet ist eine sehr eigentümliche Person. Die Hauptrollen des Theaters erregen Bewunderung durch die Transparenz ihrer Charaktere, Hamlet hingegen bewegt durch das Unbekannte, durch seine geheimnisvolle Seite. Die meisten Hauptrollen im Theater, die Helden, sind durch ihre Bewegungen und Handlungen gekennzeichnet. Hamlet ist kein Held, es sei denn, ein Held des Zweifels, er ist eine dunkle Figur, kalt und untätig, die durch das gekennzeichnet ist, was sie in ihrem diffusen Innern verbirgt, durch ihre ewigen Zweifel, durch ihre Schwerfälligkeit. Sprechen, Zweifeln, Philosophieren, Träumen, dies ist sein undurchsichtiges Tun, er verbringt die Zeit eher damit, an das zu denken, was er gerne täte, als das zu tun, was er denkt. Und dennoch erweist sich der umnebelte und unerschließbare Geist Hamlets als ergreifend.

Die Verrücktheit Hamlets ist geheimnisvoll, sie evoziert die Frage, ob seine Verrücktheit wirklich oder geschauspielerte Verrücktheit ist?

Hamlet ist im Theater bewandert, wie man den Ratschlägen entnehmen kann, die er den Schaustellern des dritten Aktes gibt, die Arbeit des Schauspielers ist ihm wohlvertraut. Es könnte sein, daß er lediglich der Darsteller seiner selbst ist, daß seine Verrücktheit nur eine Vorspiegelung ist.

Auch bei den übrigen Personen des Werkes findet man reichlich Heuchelei und Verstellung. Hamlets Vater, der verstorbene König, dieses Gespenst, ist reine Täuschung, nichts als ein Theaterkniff. Der Stiefvater und die Mutter Hamlets leben in einer Scheinwelt, sie gleichen Ägisth und Klytämnestra in einer neuen Orestie. Auch die anderen Personen des Werkes sind nicht nur Personen eines Theaterstückes, sondern darüber hinaus theatralisch.

Selbst Ophelia ist, obwohl sie eine so gefühlvolle und durchsichtige Person ist, an Heuchelei und Verstellung beteiligt, ist völlig theatralisch. Zudem gab es im elisabethanischen Theater keine Schauspielerinnen, die männlichen Schauspieler kleideten sich wie Frauen, um weibliche Rollen darzustellen. Man muß sich jene Ophelia vorstellen, die die Bühne betrat.

Gemäß einer der beständigsten Metaphern des 16. und vor allem des 17. Jahrhunderts ist die Welt nichts als ein großes Theater. Die Welt ist die Bühne, auf der jedes Individuum seine Rolle spielt. In diesem Kontext kann man, wenn Shakespeare Theater über das Theater machte, die Rolle Hamlets verstehen. Der Schauspieler stellt den Prinzen von Dänemark dar, und der

Prinz von Dänemark stellt den Schauspieler dar. Da die Welt eine Bühne ist, spielt auch Hamlet seine Rolle, doch er übernimmt nicht die ihm zugeteilte, sondern hat seine eigene Rolle gewählt.

Das ist Verrücktheit – oder?

(2. Mai)

Saudade

Saudades, sô portuguêses
Conseguem senti-las bem.
Porque têm essa palavra
Para dizer que as têm.
Fernando Pessoa

Wenn es irgendein Wörterbuch vom Portugiesischen, Galicischen oder Brasilianischen ins Euskara gäbe, stünde neben dem Wort saudade folgender Text: *saudadea, bakardadea, oroimina, herrimina, eta beste* (Saudade, Einsamkeit, Heimweh, Sehnsucht usw.).

Das nächste Wort im Wörterbuch wäre sicher *saudar*, d.h. grüßen, Grüße überbringen. Das Wort *saudade* wird auch im Plural verwendet, *a todos deixou saudades de si*, d.h., als er starb oder fortging, ging es allen nah, oder sie gedachten seiner, und er ließ alle mit dem Wunsch zurück, von neuem mit ihm zusammen zu kommen. Man sagt auch *matar saudades* (die Sehnsucht töten), wenn man zum Gegenstand der Erinnerung oder des Gefühls zurückkehrt, den Wunsch nach einer Begegnung erfüllt.

Doch nie wird die *saudade* gänzlich befriedigt, nur eine Weile kann man die *saudade* stillen. Man kann die *saudade* für gewisse Zeit mildern, indem man eben diese *saudade* pflegt, doch sie wird erneut zum Vorschein kommen.

Obwohl das Wort *saudade* im Plural gebraucht werden kann, wird es fast immer im Singular verwendet: *tenho saudade*. Es ist ein eigenständiges Gefühl, keine Mischung verschiedener Gefühle, sondern ein bestimmtes, uns bekanntes Gefühl. Zumindest ist es bestimmt und bekannt, seit es einen Namen hat.

Aber was ist die *saudade*? Die prägnanteste und klarste Antwort, die ich neben dem Vers von Fernando Pessoa gefunden habe, ist die des Galiciers Ramon Piñeiro in seinem Essay *Siñificado Metafisico da Saudade:*

»Sie ist kein sentimentales Echo von irgend etwas, sie ist ein Gefühl ohne Objekt, reines Fühlen, das spontane Aufkommen des Gefühls ist bar jeder Beziehung zu den Gedanken oder zum Willen. Daher ihre Undeutlichkeit, ihre konzeptuelle Unverständlichkeit.«

Das heißt, die *saudade* ist ein gegenstandsloses Gefühl, ein eigenständiger Gefühlsfluß und schwer zu lenken.

Die Galicier sagen nicht *saudade*, sie haben ihr eigenes Wort, um das gleiche Konzept zu veranschaulichen: *morriña*. Und es gibt ein weiteres Wort in einer anderen romanischen Sprache, im Rumänischen, um die *saudade* treffend zu übersetzen, das Wort ist *dor* und taucht oft in der rumänischen Poesie auf; sie sagen zum Beispiel *doru de tara mea*, »Sehnsucht nach meiner Heimat«.

Die *saudade* ist ein weibliches Gefühl. Im Euskara haben wir keine morphologische Unterscheidung zwischen männlich und weiblich bei den Substantiven, eine wichtige Unterscheidung, die in den romanischen Sprachen, die uns umgeben, existiert.

Und die Etymologie? Die Etymologien erklären die ursprüngliche Bedeutung der Wörter. Zuvor habe ich den Begriff *saudar*, grüßen, Grüße überbringen, zitiert. Alfonso Rodriguez Castelao andererseits brachte die *saudade* mit dem Wort *soedade* in Verbindung, d.h. mit der Einsamkeit. Alvaro Cunqueiro hingegen ist Verfechter einer umfassenderen und schöneren Etymologie, wenn er von Odysseus und seinem Wunsch, an das Feuer des heimischen Herdes zurückzukehren, spricht, er sagt, daß die *saudade* eine Mischung dreier lateinischer Worte zu sein scheint, der Worte *solitudo, salus* und *suavitas*.

(4. Mai)

Der König und der Narr

Der König braucht an seiner Seite den Narren, ebenso wie der Narr den Schutz des Königs braucht. Was bietet also der Narr dem König?

Der Narr bietet dem ernsten und erhabenen König auf die eine oder andere Weise Faxen, spaßige Einfälle, Musik, satirische Sätze, Akrobatik, wundersame Geschichten. Er schenkt ihm Ergebenheit und Fröhlichkeit und vielleicht auch Vertrauen.

Nichtsdestotrotz ist die Einrichtung des Hofnarren befremdend, es ist auffällig, daß alle Könige und Herrscher der Welt dieser unförmigen und extravaganten Männlein an ihrer Seite bedürfen. Lassen wir die Geschichte an uns vorüberziehen, werden wir mit jedem König einen Narren finden. Schon die Pharaonen der fünften Dynastie hatten als Hofnarren Pygmäen. Auch Alexander der Große hatte einen Narren, denn der stattlichste und mächtigste Mann der Erde bedurfte des Atems eines häßlichen und grausamen Männleins. Die Geschichte erwähnt auch Hofnarrren bei den Herrschern Indiens und an den Höfen von Harun Al Raschid, Karl dem Großen oder dem mongolischen Herrscher Tamerlan.

Das Vorhandensein auffälliger Hofnarren in den Schlössern der Könige und der reichen Adligen des Mittelalters und der Renaissance, aber auch im Gefolge des Azteken Moctezuma, zeigt, daß die Verbindung zwischen König und Narr jenseits der verschiedenen Kulturen gestiftet ist.

Was macht den Narren notwendig? Er existiert nicht nur um der Dienste und Scherze willen, dafür gab es auch die Bediensteten und die Komiker, vielleicht um des Vertrauens willen, doch gibt es keinen offensichtlichen Grund, dem Rat eines Zwerges mehr Vertrauen zu schenken als dem eines Sekretärs oder eines einfachen Freundes.

Warum also?

Wir wollen den Narren ins Auge fassen, wie er ist, was er tut, um das zu werden, was er ist. Die Typologie der Hofnarren kann man von den römischen Gauklern herleiten: *Mandacus* war ein Ungeheuer mit riesigem Maul; *Maccus*, bucklig, dumm und betrunken; *Pappus* ein alter, gieriger Lüstling; *Buccus*, ein dickbäuchiger und verlogener Spötter; *Sannio*, der mit auffälligen Farben und Bemalungen herausgeputzte Spaßvogel; sie sind es, die später zusammen mit anderen die *Commedia dell´Arte* bilden werden. Die körperliche Unförmigkeit ist das wichtigste Merkmal des Narren, etwas Unabdingbares, so wie die Figur des Königs über Gesundheit und Schönheit verfügen muß.

Darüber hinaus soll der Narr die Regeln übertreten, verrückt sein, während der König geradezu das Muster der gesellschaftlichen Norm ausdrückt. Ist womöglich jeder der Spiegel des anderen?

Wir wollen dem Hofnarren lauschen, der zu Füßen des Throns sitzt, er kann grausame Wahrheiten mit einem Lächeln geschmückt von sich geben.

Der Hofnarr eines Königs, der sein Gefolge mit milden Worten empfangen hat, versichert plötzlich in die Augen aller blickend, daß ihr Leben keinen Pfifferling wert sei. Das Lächeln hält die Leute bei Stimmung, jedoch nicht ohne daß ein leichter Schauer in die Glieder der Höflinge fährt.

Fast verschmelzen der König und der Hofnarr zu einer einzigen Person, wenn auch in doppelter Ausführung, als sei jeder von ihnen, über den übrigen Hofstaat erhaben, der Spiegel des anderen. Die Schizophrenie der Macht? Der König muß ein

116 *zweites* Gewissen an seiner Seite haben. So macht er sich selbst und seinem Hofstaat die *zweite* Hälfte seiner Persönlichkeit sichtbar, seine häßliche, schlechte, irrationale und lächerliche Seite.

Das wahre Gesicht des Königs wird deutlich, wenn man seine dunkle Seite nach außen kehrt. Der König und der Narr erscheinen als vom übrigen Hofstaat getrennt Stehende, der König ist der Mittelpunkt, um den herum sich der Kreis der Macht zieht, der Narr ist ein lächerliches Gegenstück und lehrt zugleich das Fürchten. Der Hofstaat liebt ihn, doch zugleich fürchtet er ihn, weil er es ist, der den Kreis der königlichen Macht schließt.

(5. Mai)

Die Sprache als Zuflucht

Ein Seemann an der Westküste Irlands spricht, als einige Studenten aus Dublin an ihm vorübergehen, mit seiner Frau, die die Netze säubert, auf gälisch.

Die Alten aus Barkoxe sprechen in der Taverne auf *üskaa*, wenn die *manexak* hereinkommen, so als ob sie zu verstehen geben wollten, daß sie etwas Anderes sind.

Die politischen Gefangenen der unterdrückten Völker erklären vor den Gerichten, daß sie nicht in der Staatssprache sprechen werden, daß sie nur in ihrer eigenen minorisierten und marginalisierten Sprache sprechen werden.

Die Frau aus Arnegi spricht mit dem jungen Bizkainer, der eben angekommen ist, Euskara, versucht sich auf Euskara verständlich zu machen, während sie zum Zoll hinüberschaut. In einer schwierigen Unterhaltung vereint sie, was die zwei Sprachen der beiden Zöllner trennen, und hüllt dabei den Traum einer Erde ohne Grenzen und Grenzbeamte in den Schutz des Euskara.

In den afrikanischen Hauptstädten parlieren die jungen Leute auf französisch, weil sie von verschiedenen Stämmen sind und unterschiedliche Sprachen sprechen. Doch taucht ein Weißer auf, spricht jeder, ob sie sich verstehen oder nicht, in seiner Stammessprache – oder sie schweigen.

Menschen, die eine Sprache sprechen, die fast niemand spricht, schließen sich zusammen, zwischen ihnen herrscht eine Form der Intimität, und starke Gefühlsbande vereinen sie.

Zwei Gefangene verständigen sich von Beamten umlauert auf Euskara. Auch von Fenster zu Fenster verständigt man sich, obwohl jeder Laut auf Euskara verboten ist, in der Gewißheit, sich der Kontrolle der Beamten zu entziehen und mit der eigenen Sprache Gitter und Entfernungen zu überwinden. Es gibt unzählige Situationen.

Die Sprache kann – über ihre Funktion als Verständigungsmittel hinaus – ein Ort der Zuflucht sein. Ein Moment der Freiheit in einer durch die Umstände aufgezwungenen feindseligen Umwelt, ein vertrauter Ort, um sich vor aufdringlicher Neugier zu schützen, ein klandestiner Aufstand gegen das Unterdrückungssystem. Darüber hinaus, daß sie ein Kommunikationsmittel ist, bietet sie vielfältige Verwendungsmöglichkeiten für Verteidigung und Rebellion.

Der Gebrauch der Sprache ist einer der letzten Rückhalte, die uns unterdrückten Völkern bleiben, eine Stütze, die nur schwer einzureißen ist.

Es ist sehr schwer, eine Sprache auszulöschen, es ist schwer, die Lippen zu verschließen, und noch schwieriger ist es, dem, der sich wehrt, eine Sprache aufzuzwingen. Es ist den Fremden, den Beamten, dem herrschenden Staat unmöglich, den Mündern die Sprache des Geheimen, der Vertrautheit, der Rebellion zu entreißen, und bringen sie auch die Münder zum Schweigen, unmöglich ist es, sie den Herzen zu entreißen.

(7. Mai)

Macbeth, Fünfter Akt, Fünfte Szene

Nichts sollt Ihr fürchten,
bevor nicht der Wald von Birnam
nach Dunsinan gelangt.

Raben krächzen mit rauher Stimme in Dunsinan. Der Efeu an den Mauern des Schlosses zittert, zeigt seine dunkelgrüne und – momenthaft – gelbe Farbe; es macht den Eindruck, der Wind hauche dem alten Schloß Leben ein.

Im Innern des Saals umarmt der Monolog des Königs zwischen Pauken und Bannern die Erschöpfung der Krieger und liebkost die Furcht der Dienstmägde.

MACBETH: »Schlagt an den Fenstern die Pauken, daß die Ohren des Feindes ertauben, laßt wehen die Banner hoch auf den Zinnen, daß ihre Augen erblinden.«

Man hört Weibergeschrei in einem Zimmer, und einem schwarzen Schleier gleich erstreckt es sich bis zur Tür des Saales.

BEDIENSTETER: »Die Königin ist tot!«

Und Stille bemächtigt sich der Pauken, der Banner, der Münder und der Ohren, nur das rauhe Krächzen der Raben und das Rascheln der Efeublätter ist zu hören.

MACBETH: »Sie hätte später sterben sollen. Morgen, und morgen, und morgen, wir kommen so mit kleinem Schritt von Tag zu Tag voran, bis unsres Lebens letzte Silb' uns dann gegeben wird. Aus, aus, kleines Licht! Leben ist nur ein wandelnd Schattenbild, ein armer Komödiant, der spreizt und knirscht sein Stündchen auf der Bühn und dann nicht mehr vernommen wird; ein Märchen ist's, erzählt von einem Blödling, voller Klang und Wut, das nichts bedeutet.«

Die Raben überfliegen das Schloß, die Blätter zittern unruhig, als wüßten sie um des Windes Geheimnis, die Trompeten schallen zum Eintritt des Boten, während sich die Türen eisenklirrend öffnen.

MACBETH: »Du hast was auf der Zunge: schnell heraus!«

Und der Bote weiß seine Botschaft nicht zu berichten, seine verschreckte Zunge bildet kaum ein Wort.

MACBETH: »Nun sag's nur, Mensch!«

Der Stein gibt keine Äpfel, oder doch, der Apfel hängt von einem Zweig aus Stein.

BOTE: »Als ich den Wachdienst auf dem Hügel tat, schaut ich nach Birnam zu, und sieh, mir deucht, der Wald fing an zu gehn.«

Und ist es unmöglich, so doch wahr, denn ist es falsch, läßt ihn der König hängen. Der Bote hat keine Kraft, seine Augen zu schützen, und Angst, die ihn vor den Bäumen fliehen ließ.

MACBETH: »Auf! Waffen! Waffen! Fort! Zu den Mauern des Schlosses! Ist's Wahrheit das, was seine Meldung spricht, gibt es kein Fliehen hier und Bleiben nicht. Ich fange an, der Sonne müd zu werden.«

Der König Macbeth kleidet sich in seinen Harnisch und bleibt, um zu warten, bis das Licht erlischt.

MACBETH: »Auf! Läutet Sturm! Wind blas! Tod komm!«
(8. Mai)

Wenn ich Maler wäre

Dem Baskischen hat das Einfallsreiche nie gelegen. Das Baskische ist in der Phantasie nicht bewandert. Die baskische Kunst und die baskische Literatur tendieren, wie das baskische Denken selbst, zur Abstraktion und zur Nüchternheit.

Die Farben? Weder haben die Basken je die Farben gewürdigt noch in ihren Liedern die Tonart gewechselt. Die Kontraste und Mischformen der Farbe, das Farbenspiel, sind in der baskischen Malerei sehr im Zaum gehalten worden. Die Malerei selbst war im Baskenland, zumindest bis zum 19. Jahrhundert, rar gesät.

Einmal, als ich das Bild eines Freundes betrachtete, ein fantastisches und farbenreiches Bild, gemalt von Jon Sendagorta, hörte ich neben mir: »Das ist keine baskische Malerei.« Da wir wenige sind, neigen wir Basken dazu, uns zu begrenzen und auf uns selbst zu reduzieren, als ob Baske zu sein etwas Zwanghaftes wäre.

»Wenn ich Maler wäre, würde ich Farben malen, nur Farben«, sagte Roland Barthes aus Baiona, uns Basken dazu einladend, den geschlossenen Kreis der Leere zu verlassen und an der unbegrenzten Welt der Phantasie teilzuhaben. Und es gibt einen Weg hinaus aus unserer Abstraktion und Genügsamkeit hin zur Sinnlichkeit und Phantasie.

Gleich der Malerei überrascht bei der Durchsicht unserer Literatur die sinnliche, imaginäre und farbliche Armut. Sowohl die Klassiker als auch die Zeitgenossen lassen an Adjektiven zu wünschen übrig und gehen sparsam mit Farbe um; es gibt kaum Material über Farben in der baskischen Literatur, das erlauben würde, die Entwicklung ihrer Begrifflichkeit zu studieren.

Dieser Mangel an Adjektiven und Farben läßt an die Theorie der Leere von Jorge Oteiza denken, und womöglich ist diese Kargheit ein ererbter Zug unserer Wesensart?

Es erinnert auch an einen Gedanken des Dichters Paul Valery: Unser Denken ist skelettartig, uns ist jene hohe Kunst abhanden gekommen, die Dinge mittels der Schönheit zu sagen.

In der baskischen Literatur unseres Zeitalters war es Jon Mirande, der dem Adjektiv den Geist der Genauigkeit einhauchte.

Der Farbe wiederum ist in den Arbeiten von Bernardo Atxaga ein, nebenbei gesagt herausragender, Raum verliehen worden. In seinen Beschreibungen erscheinen das gefühlvolle Gelb der Maisfelder, die roten und grünen Tücher, die grauen Blumen, die bunten Laternen der Stadt.

Auch bei Xabier Lizardi findet man Farbgebung, es gibt einen Goldton, der ganze Gedichte überzieht, ein Herbstleuchten, ähnlich dem der Bilder des Romantikers Turner.

Die der übrigen ist keine Farbliteratur, eher gleicht sie einer Zeichnung. Auf jeden Fall gibt es einige wunderschöne, einsam stehende Blumen, die wie aus Rissen im Asphalt zum Vorschein kommen.

Manex Erdozainzi-Etxart zum Beispiel schreibt in seinem Roman *Gauaren Atzekaldean* (Die hintere Seite der Nacht):

»Ich möchte wissen, Mirentxu, welches die Farbe deiner Augen im Mondlicht ist. Ich träume, sie sei grün. Warum, weiß ich nicht. Doch ich träume, daß das ins Blau deiner Augen gemengte Mondlicht grün ist.«

(9. Mai)

Gerichte

Einmal, als er über Gerichte sprach, erklärte Michel Foucault, daß es bei den Gerichten eine Hierarchie und eine Reihe festgelegter Riten gäbe, die der verschiedenen Stühle, die der Bekleidung, die Stempelpapiere, eine bestimmte Reihenfolge von Vorschriften, sogar eine eigene und hochgestochene Sprache.

Die ganze Förmlichkeit der Justizpaläste – so Michel Foucault – sei nicht dazu bestimmt, die Schuld oder Unschuld des Angeklagten zu beurteilen, die ganze Hierarchie und all die Riten sollen nichts anderes beweisen als die Unschuld des Gerichtes selbst.

(10. Mai)

Kröten, nackt und in Kleidern

Beim Lesen von Dokumenten über Hexen und die Inquisition im 17. Jahrhundert findet man eine ganze Reihe von Berichten über Kröten. Wie Julio Caro Baroja in seinem Buch *Baskisches Hexentum* berichtet, waren diese Tiere – ebenso gefürchtet und gehaßt wie harmlos und unschädlich – Gegenstand zahlreicher Abhandlungen.

Nach den Dokumenten der Prozesse von Zugarramurdi kleidet sich die Kröte in Leinen und Samt, sie wechselt ihre Kleidung nie und trägt immer ein Glöckchen um den Hals.

Man muß ihr zu essen und zu trinken geben, Brot und Wein, und gibt man es ihr nicht, so wird sie selbst danach verlangen: »Vater unser, wenig hast du mir geboten, gib mir zu essen!«

Eine Frau pflegte ihrer Kröte die Brust zu geben. Manchmal streckte und rekelte sich die Kröte, bis sie von der Brust trinken konnte. Andere Male nahm die Kröte die Gestalt eines Kindes an, um an der Brust der Frau zu saugen.

Die Salbe, die einen zum *Akelarre*, dem Hexensabbat, bringt, wird aus Kröten gewonnen. Man muß diese mit einem Knüppel schlagen, bis sie wehklagen und anschwellen, daraufhin zertritt man die Kröte mit dem Fuß am Boden, so daß eine schwarzgrüne, übelriechende Flüssigkeit aus ihr quillt. Dies ist die Salbe, mit der die Hexen ihre Körper einreiben sollen, um zum *Akelarre* zu fliegen, und beim Einreiben müssen sie sagen: *han eta hemen* (dort und hier).

Zu finden sind die Kröten auch in dem berühmten Buch des Inquisitors Pierre de Lancre. Seinen Ausführungen zufolge spielten die am *Akelarre* Beteiligten mit den Kröten. Die Zeugin Jeanette d'Abadie berichtet von einer Frau, die mit vier Kröten tanzte. Eine der Kröten, die mit schwarzem Samt bekleidet und deren Hals und Füße mit Glöckchen behängt waren, hatte sie auf der linken Schulter sitzen. Und von den übrigen drei Kröten, die unbekleidet waren, saß eine auf der rechten Schulter und die anderen beiden auf den Handflächen.

Die Hexen und Zauberer pflegten nach dem *Akelarre* zu den Friedhöfen von Donibane Lohitzune und Ziburu zu fliegen, um die Kröten zu taufen. In nächtlichen Zeremonien hielt ein Pate ihren Kopf und eine Patin ihre Schenkel, und so tauften sie die in Samt gekleideten und mit Glöckchen geschmückten Kröten.

Auch Lope Martínez de Isasti bezieht sich in einer kurzen Abhandlung auf *Akelarres* und Kröten. Er spricht von einem Mann aus Nafarroa, der des Weges kam und einem jungen Fräulein aus Gipuzkoa einen Apfel reichte, worauf dieses ihn aß und sich noch in derselben Nacht auf dem *Akelarre* wiederfand. Sie verbrachte die Nacht damit, Kröten zu hüten.

Es bleibt unklar, warum die Kröten in den Aussagen der zweifelhaften Zeugin von Zugarramurdi, in dem Buch von Pierre de Lancre oder in der Legende von Lope Martínez de Isasti als Sinnbilder des Bösen auftauchen. Es ist unklar, und nur die eine oder andere alte und wundersame Überlieferung vermag vielleicht zu ergründen, warum die Kröten, diese langsamen und schwerfälligen Batrachien, mit derart negativen und infernalischen Konnotationen verbunden sind. Wie dem auch sei, sie sind es im ganzen Okzident, und die Überbleibsel der Geringschätzung sind immer noch in der Umgangssprache zu finden.

So wird die Stadt Durango von den Bewohnern der Umgebung *Sapoerri* (Krötendorf) genannt, was zweifellos mit Erinnerungen an die Ketzer, die 1445 hingerichtet wurden, und anderen, immer wieder auftauchenden Häresien verbunden ist.

(13. Mai)

Deus otiosus

Gott schuf das Universum und den Menschen, doch dann begann er sich zu langweilen. Er verließ sie und zog sich in seine Himmelsgefilde zurück. Dies ist die Vorstellung von Gott, die viele primitive Völker haben.

Der Schöpfergott, allmächtig und ewig, lebt jenseits der Sterne, ohne sich um die weltlichen Dinge zu kümmern. Gelegentlich überläßt er niedrigeren Göttern das Sagen in der Natur. Er selbst lebt an seinem entlegenen Wohnsitz, will von nichts etwas wissen und tut weder Gutes noch Schlechtes.

Diese primitiven Menschen kümmern sich ihrerseits auch nicht um Gott. Er ist zu weit entfernt und hört sie nicht. Nur bei besonderen und besorgniserregenden Gelegenheiten denken sie an ihn.

Der Anthropologe Mircea Eliade hat folgendes Lied der *Fang* im äquatorialen Afrika über *Ndzama* oder den höchsten Gott niedergeschrieben:

»Gott ist oben, die Menschen sind unten;
Gott ist Gott, die Menschen sind Menschen;
Jeder zu seinem Berufe, jeder in seinem Haus.«

Wir sind in der jüdisch-christlichen Tradition aufgewachsen, in der Allgegenwart eines aktiven Gottes erzogen worden, unter der Obhut eines strengen und cholerischen Gottes, der jede gute und jede schlechte Tat belohnt oder bestraft, und angesichts jenes anderen, glaubhafteren und angenehmeren Gottes empfinden wir eine Art Ruhe.

Ich stelle mir einen alten Basken vor, wie er auf einen Abgrund im Gebirge zeigt und von der Schwelle seines Hofes her rezitiert: »Dort ging er hin, er sammelte Farn, baute ein Bett und legte sich nieder, und indem er sagte, daß er nicht vor dem Ende der Welt wieder aufwachen würde, schlief er ein.«

Dies wäre der beste aller Götter. Denn die Entferntheit, das Schweigen, der Müßiggang und – vielleicht – der immerwährende Schlaf sind die einzig annehmbaren Existenzmerkmale eines Wesens, das es nicht gibt.

(14. Mai)

Kindheitserinnerungen

Die meisten meiner Kindheitserinnerungen sind visuell. In allen Einzelheiten tauchen sie auf, als wäre das Erinnern ein Stummfilm in Farbe.

Aber, und das ist das Merkwürdige, auch ich selbst spiele mit in diesem Film, und ich kann mein Bild, so wie die übrigen Dinge, auf der Leinwand meines Gedächtnisses sehen. Also sind es, auch wenn die Erinnerung visuell ist, nicht meine Augen von damals, die sehen, sondern die Augen eines anderen.

Beim Erinnern ist es deshalb eine andere Person, die sich erinnert, mich erinnert oder ich erinnere. Der Erinnerte und der sich Erinnernde sind in Wahrheit verschieden.

(15. Mai)

Man glaubt nicht mehr inbrünstig

Es haben sich bei uns hinsichtlich der baskischen Religiösität zwei Vorstellungen oder Traditionen mit völlig entgegengesetzten Inhalten und Ausrichtungen entwickelt.

Auf der einen Seite ist unser Volk ein christliches, was die Annahme bestätigt, daß die spät christianisierten Völker später das Christentum am hartnäckigsten verfechten, vor allem, seit durch das Konzil von Trient der Mythos des *euskaldun fededun*, des gläubigen Basken, geschaffen wurde. Nicht umsonst war Ignatius von Loyola, der Verfechter der eisernen Religiosität, ein Baske.

Auf ihn bezieht sich Miguel de Unamuno in einem seiner Essays mit folgender Frage:

»Iñigo Yañez de Oñaz y Sáez de Balda, vom Stammsitz der Oñaz und Begründer des Volksheeres Christi – kommt nicht in ihm unser ganzes Geschlecht zur Vollendung? Ist er nicht unser Held?«

Erbärmlich das Schicksal unseres Volkes, hätte es keine anderen Helden gehabt. Doch zählt zu dieser christlichen Tradition auch der wichtigste baskische Klassiker, *Gero*, die christliche Doktrin des Priesters von Sara. Pablo Pedro de Astarloa und andere Apologeten sagten, daß man im Paradies Euskara gesprochen habe und daß wir seither Basken seien und baskisch sprächen.

Der baskische Karlismus war klerikal und in Glaubensfragen unnachgiebig. Und auch die *jeltzales* haben gleich jenem semitischen Volk des Orients den Gedanken des auserwählten und vom Christengott beschützen Volkes übernommen.

In der baskischen Literatur war Nikolas Ormaetxea am Ende einer langen und einseitigen Tradition der letzte große Autor des Christentums. Auf der anderen Seite tauchten im 19. Jahrhundert andere Vorstellungen von der baskischen Religiosität auf, antiklerikale und zum Heidnischen neigende Ideen, die sich bis in unsere Zeit als Gegenpol zu den vorherrschenden christlichen Vorstellungen erhalten haben.

Ihr Vorläufer war vielleicht Agustin Txaho aus Tardets mit seinem heidentümlerischen und phantasievollen Verständnis von Religion. Ihm folgte Pio Baroja, der eine *Republik von Bidasoa* ohne Grenzposten und Priester vorschlug und in seinen Werken eine andere Art von Religiosität deutlich machte. Der einzige entschieden heidnische baskische Schriftsteller schließlich ist Jon Mirande.

Auch eine mythisch-poetische Interpretation der baskischen Vorgeschichte und Ethnologie wurde eingeführt, und seltsamerweise sind es Ordensangehörige, die sie zur Sprache brachten, wobei sie vorchristliche und parachristliche Glaubensformen aus der Versenkung holten. Doch wir glauben an nichts mehr mit allzuviel Inbrunst.

Die Macht von Kirche und Christentum ist, oder geht, verloren, und ihr Glaube vergeht in Folge davon. Die Religion von Pio Baroja und Jon Mirande hingegen ist von Grund auf literarisch. Vielleicht ist Religion heutzutage nur noch in literarischer Form möglich.

Über große Glaubwürdigkeit verfügt das Christentum nicht mehr. Die Tatsache, daß es keine inbrünstigen Atheisten mehr gibt, ist mit Sicherheit ein überzeugender Hinweis darauf, daß es auch keine inbrünstigen Gläubigen mehr gibt.

Auch die Epoche der alten, baskischen Glaubensformen ist vorüber. Die mit Misteln überwachsenen Apfelbäume sind vertrocknet. Seit sie Papierfabriken an den Rändern der Flüsse gebaut haben, sind die Meerjungfrauen verschwunden, vertrieben von Schmutz und Gestank. Die *basajaun* sind fortgegangen, denn sie konnten sich an den Sonntagen in keinem Winkel ihrer Wälder mehr verstecken. Selbst die Dame von Anboto hat sich, vielleicht für immer, aus Furcht vor den Flugzeugen aus Sondika, Iruñea und Miarritze in ihre Höhle zurückgezogen.

Die Religion, nun, es mag sein, das sie nichts weiter als eine literarische Frage ist. Doch ganz und gar ungläubig sollte man nicht sein – glauben wir zumindest an die Literatur.

(17. Mai)

Trauer und Melancholie

Der Psychoanalytiker Sigmund Freud schreibt in seinem kurzen Essay *Trauer und Melancholie*, daß man, um die Melancholie zu verstehen, diese mit der Trauer vergleichen müsse.

Die Trauer ist ein tiefer Schmerz, der uns ergreift, wenn wir eine geliebte Person oder Sache verlieren. Wenn ein Freund stirbt, zum Beispiel, bemächtigt sich dieser Schmerz unseres Geistes und unseres Körpers. Doch er ist vorübergehend und nicht als pathologischer Zustand anzusehen, sondern als normaler Zustand dessen, der einen wichtigen Verlust erlitten hat.

Auch die Melancholie ist ein Zustand tiefen Schmerzes. Die melancholische Person verliert die Freude am Leben, die Fähigkeit zu lieben und ihr Selbstwertgefühl. Doch im allgemeinen hat sie keinen konkreten Anlaß, was sie verloren hat, das Objekt ihrer Trauer, ist nicht offensichtlich, sondern diffus.

Der Ursprung der Trauer ist nach Sigmund Freud folgender: Man hat das geliebte Objekt verloren, die Libido muß ihre Verbindung zu ihm lösen, doch es fällt der Libido nicht leicht, sich von dem von ihr Vereinnahmten zu lösen, mag sie auch Ersatz gefunden haben, und durch den Widerstand gegen diesen Loslösungsprozeß entsteht die Trauer.

Bei der Melancholie handelt es sich für die Psychoanalytiker um einen ähnlichen Mechanismus. Doch der Melancholiker kennt, wie gesagt, sein Objekt nicht, er kann nicht wissen, was genau er verloren hat. Dem Trauernden ist sein Verlust ganz und gar bewußt, er kann das Objekt oder die Person, die er verloren hat, beim Namen nennen. Der Verlust des Melancholikers hingegen ist unbewußt und rätselhaft. Es existiert noch ein weiterer Unterschied zwischen Trauer und Melancholie.

Beim Trauernden ist es die Außenwelt, die zusammengestürzt ist, beim Melancholiker ist es das eigene Ich, das zerfällt. Für den Trauernden ist die Außenwelt eine Wüste; Dichtung der Trauer ist die von T.S. Eliot. Beim Melancholiker hingegen ist das Ich der Invalide, die Wüste ist in seinem Innern, und er ist weder dazu in der Lage zu lieben noch zu arbeiten, zu gar nichts, denn die Melancholie verursacht Selbstmißachtung; Franz Kafka zum Beispiel ist Melancholiker.

Nach Sigmund Freud ensteht die Melancholie, so wie die Trauer, durch den Verlust des geliebten Objektes, doch während bei der Trauer das verlorene Objekt etwas Äußerliches ist, liegt es bei der Melancholie im Innern des Ichs, und verliert man es, geht ein Teil des Ichs verloren.

Nichtsdestotrotz verbinden geheime Bande das Selbst sowohl mit dem Innern als auch mit dem Äußeren. Der Melancholiker gibt seinem geschwächten Geist die Schuld, »ich bin der Schuldige« könnte er sagen, doch ist dies als »du bist der Schuldige« zu verstehen. Die Selbstvorwürfe sind das andere Gesicht der Anklage, daher ist die Melancholie, genau wie der Selbstmord, auch ein Auflehnen gegen die Umwelt. Sie ist vor allem anderen Auflehnung, absolute Rebellion angesichts des Lebens. In Verbindung mit der Melancholie tritt, wie Sigmund Freud sagte, im allgemeinen auch die Manie auf.

Ebenso wie das Gegenteil der Trauer die Fröhlichkeit ist, ist das Gegenteil der Melancholie die Manie. Die Fröhlichkeit hat im allgemeinen bewußte Gründe, die Manie hingegen ist unmotiviert und rätselhaft wie die Melancholie.

Sie ist eine schöpferische Manie oder Leidenschaft, die zur Perfektion drängt. Dem könnte ein gutes Gedicht entspringen, wie eine Luftblase, die aus der Tiefe an die Wasseroberfläche steigt.

(22. Mai)

Der breitflossige Fisch

Der Fisch ist, mit seinem kalten Blut und seinem Atemmangel unter Wasser, das der Liebe gegenüber gleichgültigste Tier, das, welches sich von allen am wenigsten um die Liebe schert. Dennoch ist der Fisch aufgrund einer unübersehbaren Ähnlichkeit ein phallisches Symbol und auch ein Sinnbild der Liebe. Im Sanskrit zum Beispiel wurde der Gott der Liebe *makaradhvaga* genannt, d.h. der, der Fische hat.

Der Fisch taucht in einem Lied von P. Topet Etxahun mit dem Titel *Sarrantzeko Senthoralak* auf. In dieser satirischen und, wie man bald sehen wird, lüsternen Erzählung wird von der Pilgerfahrt zur Kapelle von Sarrantze erzählt.

Sarrantze ist eine Kapelle im Béarn, Sarrance auf französisch. *Senthoralak* bedeutet im Dialekt von Zuberoa »die Pilger«; Pilger, die lange Reisen machten, wurden *pelegri* genannt, doch solche, die nur kurze Pilgerungen unternahmen, hießen *senthoral*.

Wie der Barde von Barkoxe berichtet, brachen im Morgengrauen von Mariä Lichtmeß zwei Pilger auf und wanderten oberhalb von Eskiula entlang. Er berichtet im Plural, doch scheinbar waren es nur zwei, ein Mann und eine Frau. Der als erster losmarschiert war, wartete auf den anderen im Wald von Ihasi, denn so hatten sie es abgemacht. Und wie in der dritten Strophe erzählt wird, verweilten sie in Oloroeko Dona Marian, um *orazione* zu machen.

Nach der Erklärung des Forschers J. Haritschelhar hat dieses dem Kirchenlatein entnommene Wort, *orazione*, eine besondere Bedeutung. Mal sehen, was für eine Art orazione die Pilger machen: »Ein Fisch, so schön, daß ich ihn aß, ohne ihn halten zu können.«

Vor einiger Zeit wies Jean Larrasket auf die ausschweifende Bedeutung dieses Verses hin. Der Fisch kann in der Umgangssprache der Penis sein. Auch auf Italienisch, zumindest im Dialekt von Neapel, bedeutet *pesce* Fisch, aber auch Penis. In dem Lied von P. Topet Etxahun bedeutet *arraina jatea* (Fisch essen) Unzucht treiben.

Also erreichten die Pilger, die Fisch essend wieder zu Kräften kamen, gegen Mittag, als die Messe schon zu Ende war, völlig erschöpft Sarrantze. In der fünften Strophe wird der Fisch gerühmt:

> *Arrañ beharri zabala,*
> *Hunki jin hizala,*
> *Gure mahañiala;*
> *Hir'ikhustiak emaiten deitadan plazerra,*
> *Esparantxarelika janen haidala*
> *Ene lagünekila.*

(Breitflossiger Fisch/ sei willkommen/ an unserem Tisch;/ deine Gegenwart verschafft mir solche Lust/ daß ich dich in der Hoffnung essen werde/ es wieder zu tun.)

Beharri ist unter anderem die Fischflosse, und der breitflossige Fisch stellt nichts anderes als das schon erwähnte phallische Bild dar.

Die Dinge von einem anderen Standpunkt aus betrachtend, ist *arrain belarri* nach dem Wörterbuch von P. Landhe im Dialekt von Zuberoa und Nafarroa beherea das, was man im Französischen *coquille* nennt, oder eben Muschel, und daher kann damit das weibliche Genital gemeint sein. Die Pilger jedenfalls behielten die Hoffnung, von neuem Fisch zu essen.

Die Wallfahrten oder Pilgerfahrten waren anscheinend gar nicht so rein und fromm. Letztlich bildeten diese *Ausflüge* einen Kontrast zu den Tugenden des gewöhnlichen Lebens.

Die Sprichworte, die oft aus dem Munde von Geistlichen kamen, geben uns einen Hinweis darauf: »Der Fisch fühlt sich im Wasser wohl, der Vogel in der Luft und die sittsame Frau im Hause.«

Doch die Frauen verließen die Häuser, auch die Fische begaben sich in wärmere Gewässer, und die Vögel ließen sich auf den Zweigen nieder, um Zeugen dessen zu sein, was unter den Bäumen geschah.

(28. Mai)

Lose Notizen zur Sprache

Ein Vater wollte seinem Sohn eine Schafsherde zeigen. Es kam der Hirte, und hinter ihm die Schafe, weiß, zottig und zahm, blökend. Als das letzte Schaf vorüber war, fragte der Junge: »Und wann kommt die Herde?«

Wir machen beim Sprechen keinen Unterschied zwischen Aussagen verschiedener Kategorien, oftmals noch nicht einmal beim Denken. *Der Hund ist in dieses Haus eingezogen* und *Das Glück ist in dieses Haus eingezogen* sind unter grammatikalischen Gesichtspunkten identisch, doch die Worte *Hund* und *Glück* gehören völlig verschiedenen Kategorien an: *Der Hund ist eingezogen* beschreibt ein Geschehen, und *das Glück ist eingezogen* wertet es vor allem. Vielleicht ist das folgende Beispiel deutlicher: *Die Kohle ist schwarz* und *Die Homosexualität ist unmoralisch*. Unter grammatikalischen Gesichtspunkten gleichen sich diese beiden Aussagen, doch man muß nicht besonders hell sein, um zu erkennen, daß es völlig unterschiedliche Sätze sind, das Wort *schwarz* beschreibt die Kohle, das Wort *unmoralisch* hingegen sagt nichts über die Homosexualität aus, sondern zwingt ein moralisches Urteil auf.

Man sagt, daß moralische Urteile die Interessen des Sprechenden verraten. Das heißt, daß man durch moralische Äußerungen Informationen bezüglich der eigenen Interessen gibt. Zum Beispiel, wenn man sagt *Die Verfassung ist gut*. Zweifellos wird mit diesem Satz eine Information bezüglich der Interessen des Sprechers gegeben, ebenso die Meinung des Sprechers über die Interessen der Leute; mehr noch, er könnte sagen *Das Volk ist für die Verfassung.* Doch das Ziel des Sprechers ist nicht nur, Informationen bezüglich seiner Interessen und Meinungen zu geben. Hauptziel dieser und ähnlicher Äußerungen ist, die moralischen Ansichten des Zuhörers zu bestätigen oder zu beeinflussen, d.h. die Meinung der Zuhörer entsprechend der eigenen Interessen zu lenken.

Ich muß an jenen Abschnitt des Romans *Alice hinter den Spiegeln* von Lewis Carroll denken:

»Wenn ich ein Wort gebrauche«, sagte Humpty Dumpty, »heißt es genau das, was ich will, nicht mehr und nicht weniger.«

»Es fragt sich nur«, sagte Alice, »ob man Wörter einfach etwas anderes heißen lassen kann.«

»Es fragt sich nur«, antwortete Humpty Dumpty, »wer der Stärkere ist, weiter nichts.«

Die Sprache der Lüge ist in allen Bereichen der Kommunikation verbreitet. Die Stammworte werden durch die Täuschungen der Sprache selbst getrübt. Worin besteht die Lüge des Sprachgebrauchs? Es handelt sich um Falschheit, wenn der Punkt, an dem Welt und Sprache aufeinandertreffen, ein völlig falscher ist. Wenn zum Beispiel alle regierungsamtlichen Politiker sagen, daß sie für das Baskenland den Frieden wollen, ergibt sich als Summe von Realität und Sprache ein glatter Betrug. Niemand in unserem Land bezweifelt die Notwendigkeit des Friedens, doch gehen besagte Wortführer des Staates davon aus, daß der Frieden die Übernahme der etablierten sozialen und politischen Strukturen voraussetzt, und dies ist der Streitpunkt. Derartige Friedensstifter beanspruchen in Wahrheit das Gewaltmonopol, und ihr Gerede vom Frieden ist nichts als ein Ablenkungsmanöver. Man spricht vom Frieden, um die wirklichen Probleme zu überspielen, die Punkte, an denen Realität und Sprache sich treffen sollten.

Friedrich Nietzsche sagte, daß es keine Vernunft in der Sprache gebe, daß die Sprache eine alte Schwindlerin sei und daß wir, solange wir noch an die Grammatik glauben, die Idee *Gottes* nicht überwinden werden, daß wir unsere engen Begrenzungen nicht überwinden werden.

(2. Juni)

Das Kalb und das Kalbfleisch

In Sprachverhältnissen spiegeln sich Machtverhältnisse wider.

In dem Buch *Linguistique et Colonialisme* von Louis-Jean Calvet beispielsweise, einer kleinen Abhandlung über die Entstehungsgeschichte von Sprachen, finden sich interessante Hinweise auf die soziale und idiomatische Unterdrückung des Englischen des 14. Jahrhunderts, der Epoche der Enstehung der englischen Sprache.

Zu jener Zeit sprach man an den Höfen und auf den Schlössern der normannischen Adligen sowie unter Anwälten, Rittern und reichen Händlern französisch. Das Angelsächsische hingegen war die Sprache des einfachen Volkes, der Bauern und Leibeigenen, die keine andere Sprache kannten. Unterdessen entwickelte sich ein Sprachgebrauch, in dem Worte beider Sprachen verwendet wurden, um den Eigentümern von Vieh oder Land die Verständigung mit Bauern und Viehzüchtern zu ermöglichen. Aus dieser Sprechweise entwickelte sich das moderne Englisch.

In dem Roman *Ivanhoe* von Walter Scott ist im Laufe einer Unterhaltung zwischen Wamba und Gurth ein bemerkenswerter Abschnitt zu diesem Thema zu finden. Sich über häufig verwendete Worte unterhaltend, fällt ihnen auf, daß sie das Schwein, während es am Leben und ein Stalltier ist, bei seinem sächsischen Namen nennen und ihm, wenn es tot ist und in Schüsseln auf dem Tisch im Speisesaal des Schlosses steht, wenn es Schweinefleisch ist, den französischen Namen geben.

Noch im modernen Englisch sind Überbleibsel der ehemaligen Unterdrückung offensichtlich. Während es lebendig im Stall steht, wird das Kalb *calf* genannt, aber das Kalbfleisch, auf französisch *veau*, heißt auch im Englischen *veel*. Der Ochse heißt *ox*, wie ihn die sächsischen Ochsentreiber nannten, doch aufgrund des französischen *boeuf* heißt das Ochsenfleisch *beef*.

Ebenso ist es beim Hammel, er heißt *sheep*, während er mit seinen Hörnern und all seinem Fell herumspaziert, doch durch den französischen Einfluß *mouton* wird das Hammelfleisch im Englischen *mutton* genannt.

Wie das alte Sprichwort *izena izana dela* (Der Name ist das Sein) sagt, reflektiert sich in Worten zurückliegendes Geschehen, erinnern die Sprachen alte Welten.

(4. Juni)

Reflexionen über die Dichtung

In den archaischen Gesellschaften nahm die Poesie eine herausragende Stellung ein. Sie war vermittelnde Stimme zwischen dem Heiligen und dem Profanen, die Poeten waren Schöpfer imaginärer Universen, welche Mysterium und Geschick des gewöhnlichen Geschehens erklärten. Zudem besaßen sie der Gesellschaft gegenüber Autorität, denn indem sie die Würde des Lebens priesen, wurden sie zu Stützen eines zeitenübergreifenden, kollektiven Bewußtseins.

Bei den keltischen Völkern gab es Leute, die Dichter von Beruf waren. Sie besaßen zahlreiche, seit langer Zeit überlieferte Gedichte, und ihre Arbeit bestand darin, diese Gedichte von Generation zu Generation weiterzugeben und auszulegen. Auch neue Gedichte schufen sie, jedoch im Rahmen der traditionellen Modelle und Normen.

Bevor die Massenmedien sich ausbreiteten, wurde die mündliche Überlieferung überall auf der Welt ähnlich wie bei den keltischen Völkern gepflegt. In Indien zum Beispiel gab es eine besondere Dichterkaste.

Melodien, Metriken, Sinnbilder und Ausdrucksformen waren vorgegeben durch die Tradition, und in ihren Improvisationen sollten die Dichter die etablierte Dichtung bewahren, ihre Aufgabe war es, durch eine eher handwerkliche als schöpferische Arbeit die Stimme von einst immer wieder erklingen zu lassen. Auch die *Bertsolaris* unseres Landes sind womöglich ein Überbleibsel archaischer Dichtung. Unglücklicherweise hat uns der Bertsolarismus ohne große Redekunst und fast ohne poetischen Sprachschatz erreicht. Metriken und Melodien werden aufgegriffen und verwendet, doch gewiß verfügt der Bertsolarismus nur noch über das skelettartige Gerüst des alten Handwerks.

Die Modernität jedenfalls hat jenes geheime Amt, jene traditionelle Grammatik, jene archaische Weisheit der Poesie überrollt. Die Geschichte hat diese einst in der Gesellschaft verankerte dichterische Denkungsart, diesen eigenen dichterischen Sprachschatz ausgelöscht, und unserer industrialisierten Zivilisation bleibt nichts als der arme Dichter am Rand der Gesellschaft. Es gibt keine poetischen Grammatiken mehr, jeder Dichter muß seine eigene Dichtung schöpfen und formen, jeder Dichter muß aus seiner Einsamkeit heraus jenseits der Normalität seine Stimme erheben, seinen notgedrungen verschiedenartigen und fast schon pathologischen Gesang.

Wer immer Gedichte machen will, wird über die Dichtung nachdenken müssen, wird seine eigene *Poetik* entwerfen müssen. Da keine Tradition überliefert wurde, müssen wir die eigene finden und wählen. Durch das Nichtvorhandensein einer reinen und beständigen Tradition haben wir Tausende von Bezügen, und in diesem Dschungel der Bezüge eröffnen wir einen Pfad, kommen auf synkretistische und persönliche Weise voran, über schon festgetretene Steine und junge Gräser.

Was die heutige Dichtung betrifft, möchte ich folgenden Eindruck festhalten: Der bloße Ausdruck einer Empfindung, diese mimetisch zu Papier gebrachte innere Stimme, die Dichtung der sentimentalen Geständnisse erweist sich in zunehmendem Maße als langweilig. Wer hätte keine Jugendgedichte geschrieben? Im entsprechenden Alter ist dies legitim, später sollte es verboten sein. In der Tat, unsere intimsten Gefühle, unsere niedergeschriebenen Vertraulichkeiten sind nicht an sich Dichtung. Alle haben wir diese Gefühle gehabt, alle kennen wir sie, es sind keine Dinge, die von Dichtern auf andere oder tiefergehende Weise erlebt werden. Das bloße Bezeugen von Trauer zum Beispiel ist wie Aspirin, das man nimmt, wenn man Kopfschmerzen hat, oder besser gesagt ist es eine Bitte um Mitleid oder Zuwendung, doch das allein macht es nicht interessant oder zur Dichtung. Bedauerlicherweise werden Gefühlsbekenntnisse allzuoft mit Lyrik verwechselt.

Es entstehen keine guten Gedichte aus bloßer Traurigkeit, auch nicht aus einfacher Liebe. Wir alle kennen die Trauer oder die Liebe in der einen oder anderen Form, und sie sind nicht poetisch an sich, denn Dichtung wird nicht mit Gefühlen, sondern mit Worten gemacht. Es werden wunderbare Gedichte über die Trauer oder über die Liebe geschrieben, doch nicht etwa, weil Dichter diese Gefühle tiefgreifender erlebt hätten oder weil ihnen neue Gedanken dazu gekommen wären, sondern weil sie die geeignete dichterische Form gewählt und die treffenden Worte miteinander verknüpft haben.

Andererseits entsteht bei jeder Unterhaltung über die Dichtung ein Streitgespräch zum Thema der gesellschaftlichen Funktion der Kunst und der Verpflichtungen des Intellektuellen. Wieviel Tinte und wieviel Papier sind darauf verwendet worden, dieses gängige Thema zu erörtern. Man muß Politik, Ethik und Stil voneinander unterscheiden können. Klar ist, daß der Dichter als Mitglied der Gesellschaft verpflichtet ist, gegen die Unterdrückung und für die Freiheit Partei zu ergreifen. Der baskische Dichter hat ebenso wie der baskische Dreher oder der baskische Fußballspieler die Pflicht, gegen gesellschaftliche Unterdrückungsstrukturen und für die Freiheit einzutreten, aber nicht, weil er Dichter ist oder hinter einem Altar steht.

Es scheint mir angebracht, eine Bemerkung zu dem Einfluß, den Dichtung nehmen kann, zu machen. Heutzutage hat die Dichtung nicht die zur Umwandlung gesellschaftlicher

Strukturen nötige Kraft. Sie hat ihren kulturbildenden Einfluß vor langer Zeit verloren und ihre gesellschaftliche Funktion hat sich auf ein Minimum reduziert. Die zuvor zitierte Autorität der ehemaligen Barden ist zur Ausgrenzung des Dichters in der Industriegesellschaft geworden. Sein gesellschaftliches Echo ist heute mehr als kärglich.

Es besteht eine ethische Verpflichtung, Unabhängigkeit und individuelle Freiheit zu bewahren, nicht zum Diener der Macht zu werden, dieser Macht, die die Arbeit des Künstlers und anderer öffentlich Schaffender auf so subtile Weise durch Ruhm oder Preise für ihr Schauspiel vereinnahmt. Eine Haltung persönlicher Unabhängigkeit könnte dem Geld gegenüber eingenommen werden, indem das von der Macht gebotene Taschengeld abgelehnt wird, davon ausgehend, daß finanzielle Abhängigkeit einer der Gründe der Dienstbarkeit ist. Wenn die poetische Verpflichtung darin besteht, gegen die gesellschaftliche Unterdrückung zu kämpfen, besteht die ethische Verpflichtung genau darin, die Privilegien, die durch das Schaffen zuteil werden, nicht anzunehmen.

Doch Verpflichtung hin, Verpflichtung her, ich glaube, daß dieses Thema unter einem falschen Blickwinkel betrachtet wird. Es überwiegt die Tendenz, Einstellungen aufzurechnen, selbst wenn sie sich einfachen Werturteilen entziehen. Da ist zum Beispiel einen unvollendeter Text von Gabriel Aresti, *Topet-Etxahunen Kontrako Judizio Berria* (Neues Urteil zu Topet-Etxahun). In besagtem Text übernimmt Gabriel Aresti die Rolle des Staatsanwaltes während einer Verhandlung gegen den alten Pierre Topet, in der das Gericht entscheiden muß, ob der der Gaukler von Barkoxe würdig oder *digne* ist, in die Republik oder den Parnaß der baskischen Dichter aufgenommen zu werden. Ohne in diesem fiktiven Gericht zum Ende zu kommen, wird wiederholt auf der Grundlage dogmatischer Kriterien spitzfindig mit der gesellschaftlichen Funktion der Literatur abgerechnet, wobei diese Spitzfindigkeiten im nachhinein zu

Verdammungsurteilen werden. Diese Art von Urteilen belastet das literarische Schaffen mit Vorurteilen, und nichts Schlimmeres kann der Literatur widerfahren.

Darüber hinaus ist die besondere Verpflichtung des Dichters das Schreiben. Politisches und ethisches Engagement genügen nicht, ebensowenig wie Gefühle, um gute Dichtung zu machen; viel schlechte Dichtung ist im Namen guter Ideen oder zum Ruhme vorbildlicher Haltungen gemacht worden. Nicht aufgrund seiner Gedanken oder seines Verhaltens ist der Dichter das, was er ist, auch nicht aufgrund seiner Gefühle, sondern durch den Wert seiner Gedichte und durch sein Schreiben.

Die Poesie – das sind vor allem Worte. Werkstoff der Dichtung ist die Sprache, der Dichter ist Worthandwerker, Sprachforscher, Neuerer des Schreibstils. Er muß die Worte kennen, stereotype Worte kritisieren, klare Worte lieben, versuchen, neue Wortfolgen zu schaffen, um andere Seiten der Wirklichkeit zu enthüllen. Die Arbeit des Dichters ist, wie Stephane Mallarmé sagte, den Worten einen klareren Sinn zu geben. Einen reineren, vollständigeren, tieferen Sinn, um mittels der Worte angemessenere Beziehungen zwischen Bewußtsein und Welt herzustellen, um ein neues, wahreres Wissen der Dinge und Situationen zu erlangen.

Gegenstand der Dichtung sind das Leben und die Welt, diese Reise, die wir auf halb bekannten und halb ungewissen Wegen unternehmen. Wenn wir versuchen, unsere zerrissene Sprache zu verbessern, wenn wir uns bemühen, genauere Worte zu finden, so ist unser Ziel, die Grenzen falscher Gewißheiten niederzureißen, unser Leben auf dieser Erde besser zu begreifen und es begreifend zu genießen.

Thema der Dichtung ist die Wirklichkeit, doch die Philosophie und die heutige Poesie wissen genau, daß völlige und systematische Kenntnis der Wirklichkeit unmöglich ist, denn schon vor langer Zeit haben sich die Irrtümer der dogmatischen Glaubensformen und die Fehlbarkeit des Rationalismus erwiesen. Daher will die aktuelle Dichtung unserer Tage die Wirklichkeit nicht gänzlich und systematisch ergründen, der Dichter weiß, daß er allein sein eigenes Erfahren der Dinge wiedergeben kann, und selbst diese Erfahrung ist durch zahlreiche Vermittlungen gefiltert, da sich Bruchstücke von Erinnerungen, Mißverständnisse und Sprachfehler und die der dichterischen Form eigentümliche Verzerrung dazwischen schieben. Sind diese Hindernisse überwunden und gehen wir weiter davon aus, daß die Wirklichkeit Gegenstand der Poesie ist, so gibt das Gedicht nicht die eigentliche Wirklichkeit wieder, sondern eine dichterische Wirklichkeit, also eine zweite Wirklichkeit, die durch das Werk geschaffen wurde.

Die Dichtung ist also nicht in erster Linie Nachahmung oder *Mimesis* der Wirklichkeit, sondern Schaffen von Wirklichkeit oder *Poiesis*, sie ist nicht nur Darstellung der Welt, die Poesie ist auch Schmiede der Welt. Die Poesie, das sind Hypothesen über das Leben auf Erden und über die Dinge, quer durch Labyrinthe von Vertrautem und Geheimnisumwobenem. Doch sind es keine bloßen Hypothesen, es sind auch Wahrheiten in dem Sinne, daß die Wahrheit nichts ist als die geeignetste Hypothese.

Letzten Endes ist jedes Gedicht eine Botschaft, die wir in eine leere Flasche stecken und ins Meer hinauswerfen. Nachdem sie lange Zeit herumgetrieben ist, wird sie wie ein Schiff, das ohne Steuermann im Hafen einläuft, irgendwann in großmütige Hände gelangen. Und ist es ein gutes Gedicht, werden leuchtende Augen die vom Salzwasser zerfressenen Zeichen zum Leben erwecken.

(8. Juni)

»Regen« sagen, und es regnet

Wir werden schweigend Worte wechseln.
Balbina Ederra

Jene Abenddämmerungen waren die Stunde des Spiels und des Geheimnisses. Erinnerst du dich?

Ja, bei den letzten Sonnenstrahlen glätteten wir das Gras und legten uns hin, um zu schlafen, und die Frösche begannen zu quaken und verbreiteten im ganzen Tal ihre unvergleichlichen Klänge.

Als wir uns verkleideten und mit unseren Kinderstimmen kreischend über Höfe und Wiesen zogen.

Aber du kamst nicht jedesmal mit, während wir anderen loszogen, setztest du dich zu dem Blinden. Was erzählte der Blinde dir?

Er stellte mir Fragen nach jedem Ding, wo es sich befand, ob sich etwas verändert hatte, wie die Dinge sich bewegten, und ich erklärte es ihm ...

Du bliebst immer bei ihm, bis es Nacht wurde, und hast an seiner Seite gesessen.

Auch ich stellte ihm Fragen, über die Zeit, als er die Welt durchkreuzt hatte, man sagte, daß ihm sein Augenlicht erloschen sei, weil er zu viele Dinge gesehen hatte. Du fragtest ihn nach der Sonne, und er sagte zu dir, daß die Sonne sich in den Hochöfen von Bilbo versteckt hielte. Er sagte, daß die Kaulquappen ins Meer gingen, und sich dort in Tiere verwandelten, die größer waren als Kühe, Tiere, die Wale genannt wurden.

Einmal, ich erinnere mich, kamst du und sagtest, daß es Steine regnen würde.

Er sagte zu mir, daß beim Weltuntergang haufenweise Steine in der Gegend von Barranku niederfallen und alles zermalmen und dem Erdboden gleichmachen würden.

Aber es ist niemals auch nur ein einziger Stein bei Barranku gefallen.

Ja, im nachhinein begreift man, daß das Ende der Welt nicht plötzliche Zerstörung ist, sondern ein langsames Ertrinken, das sich bei jeder Abenddämmerung vollzieht.

Das, woran ich mich am deutlichsten erinnere, sind die Fledermäuse, und wie wir die Mützen nach ihnen warfen. Man sagt, daß sie sehr, sehr alte Tiere seien.

Sie tauchten immer in der Abenddämmerung auf, mit unruhigem Flug. Der Blinde sagte, daß Fledermäuse den Rosenkranz auf lateinisch beten könnten und daß wir ihnen keinen Schmerz zufügen sollten.

Manchmal denke ich, daß wir damals glücklich waren.

Das Glück, weißt du, was Glück ist? Es ist, wenn man »Regen« sagt, und es regnet.

Jetzt sind wir wie ein vergessenes Lied.

Hör mal, schläfst du in der Nacht? Hörst du nicht den Lärm der Züge?

Ja, Lärm von Zügen, ja, viele fahren jede Nacht vorbei, aber keiner hält an.

Hier gibt es weder Bahnhof noch Gleise. Die Züge fahren unter der Erde vorbei.

(10. Juni)

Die Nachrichten von gestern und heute

Gestern trafen die Innenminister José Barrionuevo und Gaston Deferre in Madrid zusammen, um sich gegenseitig zu bestätigen, daß die Kämpfer der ETA bloße Terroristen seien.

Heute morgen hat die Guardia Civil in Andoain zwei junge Leute, Augustin Arregi und Juan Luis Lekuona, getötet und Jesus Mari Zabarte verhaftet. Am Nachmittag wurde in Miarritze eine Bombe gezündet, und es verbrannten Tomás Pérez Revilla,

144 Roman Orbe und andere Flüchtlinge. Und trotz alledem gibt es heute keine andere Wahl als den bewaffneten Kampf.

(15. Juni)

Auf dem Marktplatz der Stadt

Der Bewohner fand sich, wie jeden Nachmittag, auf dem Marktplatz der Stadt ein, um das vom Mittagessen übriggebliebene Brot, welches er in den Taschen seiner Garbadinhose aufhob, an die häßlichen Tauben zu verteilen. Der Bewohner hörte unvermittelt seinen Namen und wendete den Kopf.

»Ja?« fragte er, wobei er sich umblickte, ohne sich vorstellen zu können, wer sich an seinen Namen erinnern oder ihn erraten könnte. Und unter den Leuten, unter den übrigen Bewohnern, die ihre Schritte auf ihre jeweiligen Ziele hinlenkten, sah er den Urheber des Rufes, und er erkannte ihn, weil er anders war. Der Urheber des Rufes war ein Zwerg, der den Kopf unter einer schwarzen Kapuze verborgen hatte und in der Hand einen roten Beutel trug.

»Was ist los?« fragte der Bewohner und dachte, daß etwas Schlimmes geschehen sein müsse, wenn ihn jemand auf der Straße beim Namen rief.

»Ich suche Sie schon eine ganze Weile«, antwortete der Zwerg. »Man hat mir schon vor einiger Zeit Ihren Namen gegeben. Ich bin der Henker.«

»Der Henker? Ja und?« sagte der Bewohner, der lebte, um den Tauben Brotkrümel zuzuwerfen.

»Erschrecken Sie sich nicht, mein Herr, es ist nichts Welterschütterndes geschehen, es ist nur so, daß Sie auf der Liste stehen.«

Der Nachbar versuchte am Zwerg vorbeizuschauen. Die Tauben warteten auf ihre Brotkrumen. Die Leute gingen vorüber, ohne auch nur das Geringste zu bemerken.

»Sie werden nichts an mir auszusetzen haben«, sagte der Zwerg. »Es verursacht keinerlei Schmerzen, schauen Sie, die Axt ist sehr scharf und glatt.«

Und er holte aus seinem roten Beutel eine stählerne Axt, und mit seinen kurzen, dicken Fingern betastete er ihre glänzende Klinge. Die Tauben flogen plötzlich von den Steinplatten des Marktplatzes zu den umliegenden Dächern auf.

»Berühren Sie sie selbst, wenn Sie wollen.«

Aber der Bewohner wollte jenes Gerät nicht berühren, die Brotkügelchen fielen ihm in der Tasche der Garbadinhose ebenso schnell auseinander, wie er sie formte. Eine Frau, die vorüberging, kam näher und blieb stehen, um die Stahlaxt zu bewundern.

»Aber wenn ich doch unschuldig bin!« versuchte der Bewohner mit aller Kraft zu schreien.

Sofort blickte alle Welt auf ihn, aus allen Winkeln des Marktplatzes, sogar die Tauben blickten aus ihren runden Augen von den Dächern herunter, einige Fenster wurden geöffnet, um jenen Bewohner zu betrachten, der gebrüllt hatte.

»Das ist nicht möglich«, sagte der Zwerg mit leiser Stimme, wie im Vertrauen. »Unschuldige gibt es nicht.«

Der Bewohner fühlte sich beobachtet und beschämt, weil so viele Augen auf ihn schauten, und in seinem Innern war absolute Leere, nicht eine Hoffnung in seinem Herzen.

»Wir können es gleich hier machen, wenn Sie wollen«, sagte der Henkerszwerg. »Wenn nicht, habe ich dort um die Ecke einen geeigneten Platz, in einem Keller, ich habe sogar einen Baumstumpf, um den Kopf darauf zu legen. Auf jeden Fall, seien Sie beruhigt, tut es nicht weh.«

Der Bewohner gab nach, indem er die Augen niederschlug. Er sagte zum Zwerg, daß er ihm folgen werde, während alle weit geöffneten Augen, die der Nachbarn und die der Tauben, auf ihn gerichtet waren, Blicke wie Pfeile werfend. Mit dem in der Tasche zerfallenen Brot zwischen den Fingern ging er dahin und dachte, daß er niemanden mehr hatte, dem er es geben könnte. Bald gelangten sie an der Straßenecke an den Ort, den der Zwerg für geeignet hielt. Am Eingang bat ihn der Zwerg darum, vorauszugehen, und der Bewohner weigerte sich nicht.

»Aber es soll ohne Zeugen sein«, sagte er nur, als er über die Türschwelle schritt.

(19. Juni)

Die Gewalt und die Einfalt

Die Gewalt gleicht dem ihr fremden Denken einer von dicken Mauern umschlossenen Stadt. Bei dem Versuch, in sie einzudringen, geht man die Stadtmauer in ihrem gesamten Umfang ab und findet nicht eine einzige offene Tür.

Doch ich möchte ein Thema am Rande der Gewalt anschneiden, das mir immer schon erschreckend erschien, und zwar die Einfalt, die der Gewalt zugeschrieben wird.

Ich habe ein dazu passendes Zitat gefunden. In seinem *Tagebuch eines Diebes* sagte Jean Genet, der Mystiker der Delinquenz, daß Menschen, die in einem gewalttätigen Milieu leben, zu sich selbst ein einfältiges Verhältnis haben.

Die Gründe für diese Einfalt liegen unter anderem in der Todesnähe. Das Risiko zu sterben belebt die Gefühle und läßt zugleich wenig Raum für Vernunft und Analyse. Andererseits springt angesichts der Gefahr die Vergänglichkeit des Lebens ins Auge, wodurch man notwendigerweise die Dinge schematisiert und unmittelbar handelt, ohne sich in Zweifeln zu verlieren. Drittens wird, wenn wir dem Tod die Stirn bieten, dieser besondere Stolz in uns selbst und anderen gegenüber wach, und eben diese Eitelkeit ist ein Zeichen der Einfalt.

Doch nicht nur die, die Gewalt ausüben, neigen zur Vereinfachung. Noch schockierender und auffälliger ist meiner Ansicht nach, wie die Gewalt von den Leuten, die über sie sprechen, simplifiziert wird. Wenn es um die Gewalt geht, werden oft nur simple und armselige Argumente ausgetauscht, so daß man, anstatt die Gewalt zu begreifen und ihre Strukturen offenzulegen, ihre wirklichen Ursachen und Folgen im Verborgenen läßt.

So ist das Denken vorerst beschränkt und geht am Thema der Gewalt vorbei. Nur selten gelingt es der Philosophie, der Literatur, der Psychologie oder dem Film, als wahrhafte Zeugen in diese verschanzte Stadt einzudringen. Die Simplifizierung hingegen ist das Vorgehen jener, die strauchelnd um das Thema herumkreisen.

(22. Juni)

Johannisfeuer

Ich höre im Radio, daß der Regisseur Joseph Losey in London gestorben ist, daß Michel Foucault in eine Psychiatrie in Paris eingeliefert wurde, daß sie in Miarritze Isidro Garaialde verhaftet haben, und es ist, als ob all dies in einer anderen Welt geschähe, in einer anderen Abenddämmerung als dieser.

Unsere Beziehung zu den Dingen draußen, zu den entfernteren Ereignissen und zu Erinnerungen aus der Vergangenheit wird immer diffuser.

Abends, wenn das letzte Rot des Tages zu Blau und Violett wird, gehe ich zum Fenster, um von dort mit Freunden zu sprechen, mit Mitxel, von dem heute kein Brief gekommen ist, mit Xabier über die Bertsolaris von Oiartzun, mit Ixidro über die Freunde von der anderen Seite.

Bei Einbruch der Nacht zündet irgend jemand etwas Zeitungspapier an und läßt es aus dem Fenster zum Hof hinunterfallen, es fällt zögernd und schwelt auf dem Boden weiter. Nach dem Verlöschen bleibt davon nichts als schwarze Asche, die der Wind mit sich nimmt.

Ich habe Lust zu singen, doch mir ist jenes alte Lied entfallen. Das Feuer knüpft Bande zum Entfernten und zum Vergangenen, weil das Feuer sich nie zu verändern scheint.

Während die ersten Zeitungsblätter auf dem Hof verlöschen, fallen flammend aus anderen Fenstern neue Blätter herab, und brennendes Papier beleuchtet den Hof.

Plötzlich erscheinen die Beamten an ihrem Fenster, auch die Guardia Civil läßt sich blicken, setzt die Helme auf und so weiter.

Vielleicht denken sie, daß wir das Gefängnis abbrennen wollen. Was wir im Sinn hatten, war etwas anderes.

(23. Juni)

Das Labyrinth bewohnen

Ikarus ist vor den sicheren und verbrannten Dingen fliehend zur Sonne aufgebrochen, um in den Sand des Strandes zu fallen.

»Das Labyrinth ist ein geschlossener Raum, der durch unablässig tickende Uhren markiert ist«, sagt Dädalus.

Dädalus hat die Flügel am Boden zurückgelassen, Hoffnungen, gemacht aus den Federn bunter Vögel, ausgebleicht und vom Wind zerfetzt.

»Dem Labyrinth kann man nicht entfliehen«, sagt er. »Man muß es bewohnen.«

Dädalus bindet Fäden an die Beine der Ameisen, und jede der Ameisen schlägt eine andere Richtung ein, zahllose verschiedene Wege aufzeigend.

(25. Juni)

Bratapfel und Roséwein

Von den alten baskischen Liedern, die Esteban de Garibai in seinen Chroniken zitiert, ist das schönste vielleicht jenes, welches sich auf Milia de Lastur bezieht.

Anfang des 15. Jahrhunderts verheiratete sich Milia de Lastur in Mondragón mit Peru García de Oro. Die Frau, die nicht sehr gut mit dem Ehemann auskam, starb unter den Schmerzen der Geburt. Zur Beerdigung fand sich die Schwester der Verstorbenen aus Deba ein und sang das vierstrophige Klagelied über Milia de Lastur, in dem sie kundtat, daß der soeben verwitwete Señor sogleich einer anderen Frau die Heirat versprochen habe. Daraufhin, so Esteban de Garibai, antwortete die Schwester von Peru García mit zwei Strophen im gleichen Versmaß, daß Milia de Lastur die Frau eines guten Mannes gewesen sei und zu Lebzeiten einen geachteten Platz in der Gesellschaft eingenommen habe. Esteban de Garibai schrieb noch weitere Strophen nieder, die jedoch bruchstückhaft und unvollständig sind.

Angesichts dieser sechs wunderbaren Strophen kommt die grundlegende Frage auf, wer diese Verse komponierte und wie sie bekannt wurden, und gewiß gibt es zahlreiche Vermutungen. Ob ein Versemacher die Strophen komponiert hat, obwohl sie Frauen in den Mund gelegt wurden, wie es bei Romanzen gewöhnlich der Fall ist? Oder vielleicht die Klageweiber, deren Amt war, auf den Beerdigungen zu weinen und Totenlieder zu singen? Oder wurden sie auf der Begräbnisfeier selbst von der Schwester von Milia de Lastur und von Santxa Hortiz gereimt? Die letzte Auffassung wird von Esteban de Garibai als über jeden Zweifel erhaben vertreten, und wir werden sie glauben müssen. Zudem ist sie im Kontext der alten europäischen Dichtung nicht so weit hergeholt.

Gaston Paris, Leo Spitzer und andere haben nachgewiesen, daß man die Wurzeln der mittelalterlichen Lyrik in den von Frauen komponierten Frühlingsliedern und Tanzliedern suchen muß. Die mittelalterliche Lyrik wurde zum Großteil von Frauen gemacht oder ihnen auf die eine oder andere Art in den Mund gelegt, wie zum Beispiel die deutschen *Frauenlieder*, die galicisch-portugiesischen *cantigas do amigo*, die französischen *refrains*, die litauischen *daino* oder die mozarabischen *khardja*. Die arabischen *muwassaha* wurden von den *jawari* oder Sklavinnen gesungen, die im allgemeinen ausländische Frauen waren, um den Kalifen zu unterhalten.

So war also die mittelalterliche Lyrik von Frauen gemacht, und ihre Lieder priesen die Feste der Fruchtbarkeit und der Liebe, die heidnische Feste waren. Im Gegensatz dazu wurden die Lieder der Frauen in den religiösen Dokumenten des Mittelalters immer wieder verboten, weil sie heidnisch und wollüstig seien.

Doch die Tradition, die weibliche Lyrik, die Tradition der Poesie von Frauen blieb noch lange erhalten, und so war es auch in unserem Land, wenn man dem Zeugnis von Esteban de Garibai Glauben schenken kann.

Im Mittelalter war die mündlich überlieferte Literatur vorherrschend, und es war Brauch, das, was es auszudrücken gab, auf der Grundlage eines rhythmischen Musters zu vertonen, denn es war so selbstverständlich, die Dinge in Versform auszudrükken, wie es heute das Schreiben in Prosa ist. Auch Improvisationen nach feststehenden, monotonen Melodien, rezitiert oder als Sprechgesang, gab es im Überfluß.

Der aktuelle *Bertsolarismus* ist mit Sicherheit ein Nachfolger jener oralen Literatur des Mittelalters, auch wenn er die gesellschaftliche Verankerung und die symbolische Bedeutung vergangener Zeiten verloren und an Ausdrucksreichtum und Melodienvielfalt gewonnen hat.

Den ersten Abschnitt des Gedichtes, das uns beschäftigt, möchte ich genauer untersuchen. Nach der Niederschrift von Esteban de Garibai lautet er wie folgt:

Cer ete da andra erdiaen çauria?
Sagar errea, eta ardao gorria
Alabaya, contrario da Milia:
Azpian lur oça gañean arria.

(Was wird aus der Wunde der Frau werden, die gerade geboren hat?/ Bratapfel und Roséwein/ Aber das Gegenteil geschieht mit Milia/ Unter ihr kalte Erde und über ihr ein Stein.)

Zweifellos ist dies eine der schönsten der uns überlieferten Strophen. In der gesamten baskischen Literatur sind wenige derart eindrucksvolle und feinfühlige Bilder zu finden.

Sie hat die Merkmale der alten baskischen Verse, Parallelismus und Symbolik. Was den Parallelismus betrifft, so ist die Strophe in zwei Teile gegliedert, und jeder dieser Teile ist nochmals zweigeteilt. Dieser Parallelismus besteht aus These und Antithese, oder aus der Gegenüberstellung der beiden ersten und der beiden letzten Verse, doch zumeist besteht die Zweiteilung aus These und Komplement, d.h. aus einer Aussage und aus einem Bild, welches die Aussage bestärkt. Und diese Bilder sind Bestandteile eines symbolischen Denkens.

Die Struktur der alten baskischen Verse ist nicht außergewöhnlich oder spezifisch baskisch. Ohne von den japanischen *haiku* oder anderen Versen entlegener Zeiten zu reden, können wir auf die kastilische *copla* oder die portugiesische *cuadra* verweisen, wie zum Beispiel folgende:

Inda que o lume se apague
na cinza fica o calor
inda que o amor se ausente
no coração fica o dor.

(Auch wenn das Licht erlischt/ Bleibt in der Asche die Wärme/ Auch wenn die Liebe vergeht/ Bleibt im Herzen der Schmerz.)

Nach Meinung des Gelehrten Johan Huizinga ist die symbolische Darstellungsform ein Merkmal des primitiven oder archaischen Denkens. Das primitive Denken ist präintellektuell, es zieht keine feststehenden Grenzen zwischen den Dingen, es ist sehr schwach, wenn es darum geht, die Identität einer jeden Sache zu definieren, und deshalb muß jede Erklärung ein weiteres Element hinzuziehen, welches durch Nähe oder Analogie mit ihr verknüpft ist.

Das symbolische Denken begegnet uns am ungebrochensten bei den Kindern, den Mystikern und den Dichtern. Aber die Symbolisierung ist weder willkürlich noch austauschbar, man soll nicht denken, daß der Gebrauch von Symbolen ein Zeichen fehlender Reife ist, denn er ist mit einer tiefen Intuition verbunden. Im Symbolismus sind immer Gleichgewicht und Zweideutigkeit zu finden, Phantasie und Bildhaftigkeit, immer besteht ein grundlegender Zusammenhang zwischen den Dingen, die miteinander in Bezug gesetzt werden.

Beim Lesen der Dichtung des Mittelalters ist es unabdingbar, die Symbolik zu berücksichtigen, da der Symbolismus das Weltbild bestimmte und Spiegel der Lebensweise war. Nach und nach ging dies in dem Maß verloren, wie das, was Intuition und Vorstellungskraft gewesen war, zu einer mechanischen Gewohnheit wurde.

Im zweiten Vers unserer Strophe gibt es ein wundervolles Bild, das die Symbolik des Bratapfels und des Roséweins enthält. Das Bild der Geburt, das in diesem baskischen Gedicht gezeichnet wird, steht in völligem Kontrast zu jenem, welches die christlichen Bücher in jenem Herbst des Mittelalters vermittelten. Für die christlichen Theologen waren die Geburt, und der menschliche Körper selbst, schmutzig und wollüstig, in diesem baskischen Lied hingegen schreibt man ihr ganz andere Eigenschaften zu.

In dem Buch *De contemptu Mundi* von Innozenz III. lesen wir, was das menschliche Wesen ist:

formatus de spurcissimo spermete,
conceptus in pruritu carnis,
sanginae menstruo nutritis,
qui fertur esse tam detestabilis et inmundus,
ut ex ejus contactu fruges non germinent,
arescant arbusta,
et si canes inde comederint,
in rabiem efferantur.

Der Mensch wird gebildet aus ekelerregendem Sperma, empfangen durch die Krankheit des Fleisches, vom Menstruationsblut genährt. Und dieses Menstruationsblut, so sagte der Theologe, ist so abscheulich und unrein, daß dort, wo es sich befindet, keine Früchte keimen, die Bäume austrocknen und daß die Hunde, wenn sie daran lecken, tollwütig werden. In der Tat war dies einer der Grundzüge des christlichen Denkens im Mittelalter, der Ekel vor dem Körper und der Haß auf ihn.

Im Gegensatz dazu rühmt die baskische Strophe, mit dem zarten und einfühlsamen Bild vom Bratapfel und Roséwein, das Gute der Geburt.

Auf die Frage hin, welches die Wunde der Frau ist, die geboren hat, muß man sich die Bettlaken der bei der Geburt Verstorbenen vorstellen, und die Ähnlichkeit des Fleckes mit Resten von Bratapfel und Roséwein. Doch man kann jenseits der unmittelbaren visuellen Analogie nach einem tieferen Sinn suchen.

Der Apfel ist eine Frucht, die Erotik und Zeugung symbolisiert. Er wird mit der Sünde in Verbindung gebracht, weil das lateinische *malum* zugleich Apfel und schlecht bedeutet, aber er ist die Frucht der Liebe und des Lebens. Gebraten dagegen, unter dem Einfluß des Feuers der Liebe, erinnert er an den Schmerz der Mutterschaft und an die Erschöpfung der Wöchnerin. Der Wein seinerseits ist das Symbol des Blutes und der

Jugend, das Blut der Niederkunft der Milia de Lastur, das rote Blut einer Wunde, die Leben bringt. Auf jeden Fall waren sowohl der Bratapfel als auch der Roséwein edle Speisen, die aufgetischt werden konnten, um das erste Schreien des Neugeborenen in der Familie zu feiern.

Die symbolische Äquivalenz dieses baskischen Klageliedes weckt in uns ein natürliches und doppeldeutiges, sanftes und tiefgehendes Bild der Geburt.

Sie lebten im gleichen Zeitalter, doch wie weit waren der Papst Innozenz III. und die Schwester von Milia de Lastur voneinander entfernt!

(27. Juni)

Die Legende vom Geisterschiff

Jenes Handelsschiff lief in keinen Hafen ein
und verscheuchte die Möwen auf seinem Weg.
Oiamara Ikani

Die Legende vom Geisterschiff entstand in den Meeren des südlichen Afrikas, genau gesagt am Kap der Guten Hoffnung, in Folge irgendeines alten Fluches.

In den Chroniken des 16. Jahrhunderts wird von der Reise des Portugiesen Vasco da Gama berichtet, der als erster jene Meere durchkreuzte, und schon damals findet sich eine Legende. Es scheint, daß die Besatzung das Kap der Guten Hoffnung nicht umsegeln wollte, und so drohte Vasco da Gama, alle Meuterer ins Meer zu werfen. Er legte den Steuermann in Ketten, warf alle Karten über Bord und rief, daß von nun an Gott der einzige Lotse sein würde.

Doch ein Fluch sollte über sie kommen, und die Schiffe ohne Kompaß und Hafen sein. Unter den Seeleuten des 18. Jahrhunderts erzählte man sich die Geschichte vom fliegenden Holländer. Obwohl er Gott und den Teufel gegen sich hatte, verkündete er, daß er bis zum Jüngsten Tag versuchen würde, die Gewässer des Kaps zu durchqueren, und so versucht er es noch heute, und man erzählt, daß er in keinem Hafen anlegen kann und daß er allen Schiffen, die ihm begegnen, Unglück bringt.

Das Bild des verfluchten Seemanns taucht in *The Ancient Mariner*, einem wunderbaren englischen Gedicht des Romantikers S.T. Coleridge, auf. Jener Seemann verlor sich mit seinem unglückseligen Schiff auf unbekannten Meeren, weil er einen Albatros getötet hatte.

Auch der Deutsche Heinrich Heine schrieb über das Thema des Geisterschiffes. In seinem Werk *Salon* bittet die Besatzung des Geisterschiffes die Seeleute eines Schiffes, das ihren Weg kreuzt, einige Briefe mitzunehmen. Auf den Briefen stehen die Adressen von Leuten, die vor langer Zeit gestorben sind.

Die Erlösung des fliegenden Holländers ist in der Oper Richard Wagners ebenso wie im Werk Heinrich Heines möglich. Nur die treue Liebe einer Frau wird ihn von seinem dunklen Schicksal befreien können. Am Ende wird eine Frau namens Senta ihre jugendliche Liebe und das irdische Glück opfern, um sich des alten, holländischen Kapitäns anzunehmen.

Doch in den meisten Legenden gibt es keine Rettung für die Besatzung, es gibt nicht einmal eine Besatzung. Die geheimnisvolle Erscheinung des Schiffes treibt herrenlos und leer dahin, nur beladen mit dem alten Fluch.

Wer über die Legende des geheimnisvollen, sagenumwobenen Schiffes schreibt, sollte an die *Stultifera Navis* oder *Narrenschiffe* des Mittelalters denken. In jenen Zeiten, so sagt man, wurden in den europäischen Städten die Irren und Geisteskranken auf ein Schiff verfrachtet.

Man ließ das Schiff, beladen mit Nahrungsmitteln und Getränken, auf dem Fluß treiben, damit die Strömung es davontrüge, oder es wurde auf dem offenen Meer seinem Schicksal überlassen. Vom Wind und von der Strömung wurden sie mitgerissen, und niemand weiß, was mit all diesen Schiffen geschah, die den Rumpf mit Verwirrung beladen hatten.

(6. Juli)

Über die Hände

Ein schlechter Maler kann keine Hände malen. Wenn du Bilder betrachtest, so achte bei den Porträts auf die Hände.

Der Mund kann lügen, unzählige Male ist ihm entwichen, was nicht ist, das Gesicht kann lügen, denn wir sind *persona*, die Augen und Hände jedoch können nicht lügen.

Die Hände sind, wie die Augen, immer nackt, und deshalb an sich wahrhaftig.

Die Hände sprechen eine schweigsame und besondere Sprache. Betrachte die Gravuren von Txillida, die offene Grammatik dieser Sprache. Wechsele einen Moment lang die Haltung, und schon wechselt ihre Bedeutung, die Hand ist eine sich wandelnde Struktur, die zahllose Bedeutungen ausdrücken kann.

In den Händen spiegelt sich die Seele wider, d.h. ein inneres Geheimnis. Jede Handlinie ist ein Abdruck der Seele.

Nicht die Seele allein, auch die menschliche Geschichte ist den Händen entwachsen. Die Kultur begann mit der *manufactura*, der *homo faber* und der *homo sapiens* entwickelten sich gleichzeitig. Der Philosoph Anaxagoras sagte: »Der Mensch denkt, weil er Hände hat.« Alle Zivilisationen, die bis heute existiert haben, waren Zivilisationen der Hände, der Handwerker, auch wenn diese allmählich selten werden.

Das ganze Menschenleben liegt in den Händen, auch die Seele, die tiefe Wahrheit des Menschlichen. Auch die Zukunft, denn die Hände kennen keine Trennung der Zeiten.

In jeder Furche der Handfläche kann der Chiromant lesen, denn er hat die Grammatik dieser anderen Sprache der Linien gelernt. Sie ist erstaunlich, die unschuldige Nacktheit der Hände. In unserem arbeitsamen Volk denkt man, daß die Hände Arbeitswerkzeuge sind. Doch man bemerkt nicht, daß die Hände nach getaner Arbeit wieder nackt sind und die Geheimnisse des Körpers entblößen.

Zehn Schlangen sind in deinen Händen, oder deine Hand ist bloß ein weiches Nest. Soviel Kleidung, die Geheimnisse des Körpers zu verdecken, und die Hände hast du der Unbedecktheit überlassen. Biegsame Zweige sind sie, nie werden sie sich ungeschickt zeigen.

In leeren Händen wie in offenen Händen zeigt sich immer der Wunsch, einundzwanzig Finger zu zählen, immer wünschen und erhoffen sie dies.

Wir, die wir in einem Volk der Landwirtschaft und der Fabriken aufgewachsen sind, haben eine irrige Auffassung der Hände vermittelt bekommen, nämlich, daß die Hände der Arbeit dienen und man sie beim Schlafen schließen muß. Doch in unserem tiefsten Innern wissen wir, daß die Hände da sind, um sie offen zu halten und um die Dinge zu berühren.

(13. Juli)

Der Schriftsteller als Geistlicher

> Der Schriftsteller ist ein gemieteter Geistlicher.
> *Roland Barthes*

Die Literatur gleicht einem heiligen Spiegel der Sprache und des kollektiven Bewußtseins, und der Schriftsteller zelebriert in diesem heiligen Raum.

Auch die baskische Literatur ist eine heilige Darstellung der Tatsache, Basken zu sein. Unser kleines Heiligtum wurde in Nachahmung der uns umgebenden Literaturen aufgebaut, aus Mangel an Ziegelsteinen kleiner als diese anderen, doch nach ihrem architektonischen Vorbild.

Die Worte schließen in gewisser Weise den Inhalt ein, und um auszudrücken, daß ein Schriftsteller ein gewisses Niveau oder Erfolg erreicht hat, sagt man, wie bei einem Geistlichen, daß er »geweiht« wurde, ein einfältiger und häßlicher Ausdruck.

Der Schriftsteller ist der Hüter der nationalen Werte. Besser gesagt, der Schriftsteller stellt die Verbindung zwischen Sprache und kollektivem Bewußtsein her, wobei er den Spiegel der Literatur zum Blitzen und Blinken bringt.

Als Gegenleistung betrachtet die Gesellschaft den Schriftsteller als kollektives Gut. Seine Arbeit gilt als Kunst, und ihm wird eine Sonderstellung eingeräumt.

Auf diese Weise integriert die Macht alle Schriftsteller in ihr Schauspiel, durch Preise und Geld, Interviews und Beachtung. Und nach ihrer Vereinnahmung für das Spektakel werden sie womöglich noch dem vorgeworfen, was man Literaturgeschichte nennt.

Diesbezüglich wird deutlich, was einige Geschichten der baskischen Literatur mit Heiligenlegenden gemeinsam haben.

In der Literatur gibt es der Macht entgegengesetzte Heterodoxien und Haltungen, doch meist werden diese früher oder später neutralisiert. Die bürgerliche Gesellschaft nimmt den literarischen Übertretungen und Heterodoxien gegenüber eine liberale oder zumindest gleichgültige Haltung ein und läßt diese zu, soweit sie sich im abgeschlossenen und geheiligten Bereich der Literatur bewegen.

So scheint es zum Beispiel, daß Gabriel Aresti und Jon Mirande zu tragenden Pfeiler der heutigen offiziellen Kultur geworden sind, nachdem sie zu Lebzeiten aus der baskischen Kultur ausgegrenzt worden waren. Wenn der Tod ihre scharfen Kanten abgefeilt hat, nimmt die Gesellschaft die Schriftsteller wieder in ihren Schoß auf, nicht allein für das Priesteramt, sondern für das Heiligenverzeichnis; am Ende wird selbst der Atheist noch zum Heiligen. Wir zitierten, daß der Schriftsteller ein gemieteter Heiliger sei, und es ist wahrlich ungewöhnlich, daß ein Schriftsteller seinen geheiligten Stuhl verläßt. Der Dichter Arthur Rimbaud ließ von der Literatur ab, um vom Himmel in die Hölle Äthiopiens überzuwechseln.

Auch im Baskenland kommt es vor, daß ein Schriftsteller nach Erreichen eines gewissen Alters nicht mehr schreibt und in einen nützlicheren Beruf und zu seiner Familie zurückkehrt. Dieser Abgang nach der »Weihe« kann nur mit dem des Geistlichen, der sein heiliges Amt niederlegt, verglichen werden.

(14. Juli)

Über die Notwendigkeit des Rahmens

»Ich brauche die Einpassung, den Rahmen«, schrieb der Kameramann Nestor Almendros. Zuvor hatte schon S.M. Eisenstein von dem Drang des Einrahmens gesprochen, der im Westen vorherrsche. Ihm zufolge ist dieser Zwang dadurch entstanden, daß wir die Dinge durch Fenster betrachten, und wir übertragen die Form des Fensters aus unserem Alltagsleben in die Kunst.

Die Japaner hingegen haben keine Fenster, sie haben Schiebetüren, und deshalb machen sie keine Rahmen, sie malen, oder zumindest malten sie, ihre Bilder auf ausziehbaren Rollen, also rahmenlos.

Doch im Westen werden die Grenzen der Bildkunst durch einen Rahmen gesetzt. In dem Maß, in dem sie hineinpaßt, entfaltet sich die Kunst, und auch indem sie aus dem Rahmen fällt, doch ist klar gekennzeichnet, was hineinpaßt und was herausfällt.

Dieser Rahmen ist ein offenes Fenster, eine Betrachtungsweise der Welt. Dieser Rahmen ist aber zugleich mehr als ein Fenster, er ist ein Spiegel, der sagen will: Erkenne dich selbst.

(15. Juli)

Kommunikation und Erkenntnis in der Dichtung

Viel ist über die Dichtung gesagt worden, auch daß sie einer Zwiebel gleicht, die man schälen muß. Doch im allgemeinen wird davon ausgegangen, daß Dichtung Kommunikation ist, vor allem in jüngster Zeit, infolge des Übergewichts, das die Kommunikationstheorie gewonnen hat.

Doch es gibt Gründe, diese These anzuzweifeln. Die Massenmedien üben ungeheure Macht auf die heutigen gesellschaftlichen Beziehungen aus, die Hegemonie von Presse, Radio und Fernsehen ist unumschränkt. Die kommunikative Macht des Dichters und seines Werkes hingegen ist sehr gering und nicht mit der der Medien vergleichbar.

Zudem entsteht die Dichtung in der Einsamkeit, nahezu abgeschnitten von der Außenwelt, und ihre Veröffentlichung geschieht ebenso wie die Lektüre der Dichtung im nachhinein, wenn das reife Gedicht bereits vom Ast gefallen ist. Der Leser schließt den Kreis der Dichtung, doch erst dann, wenn die Frucht völlig ausgereift ist. Unbestreitbar ist Dichtung Kommunikation, Botschaft, doch genügt die Kommunikationstheorie nicht zur Beschreibung dessen, was Dichtung ausmacht.

Vielleicht ist die Dichtung angesichts der großen meinungsbildenden Massenmedien ein Versuch intimerer Kommunikation, freier und kreativer, für wenige und unrettbar marginal.

Angesichts der allgemeinen Des-Information durch die Massenmedien könnte die Dichtung Anti-Information bilden, eine Informationsart, die sich nicht zu höherer Information berufen fühlt. Die Dichtung strebt nicht nach dieser Überlegenheit, das Territorium der Massenmedien ist nicht das ihre. Der Bereich der Dichtung ist schon an sich ein Randbereich, zumindest in unseren Tagen, denn sie verortet sich jenseits der Sprachen der

Macht und der etablierten Ideensysteme. Ich denke, daß sich zur Definition dessen, was Dichtung ist, die Theorien der Erfahrung, Erforschung und Erkenntnis als weitaus geeigneter erweisen als die Kommunikationstheorie.

Die Erfahrungen, die wir machen, leben wir nicht immer völlig bewußt, es sind komplexe Erfahrungen, reichhaltig und unfaßbar, da wir die meisten Dinge, fast ohne es zu bemerken, in der Macht der Gewohnheit leben. Zum Beispiel triffst du jedesmal, wenn du aus dem Haus gehst, den Zeitungsverkäufer auf dem Gehsteig, und du gehst vorbei, ohne ihn auch nur anzusehen. Du hast nicht bemerkt, daß dieser Alte blind ist, daß der Regen ihn und seine Zeitungen durchnäßt, im Vorübergehen hast du nicht bemerkt, daß er auf seinen Lippen und in dieser Form seiner Gegenwart ein Geheimnis bewahrt, das in den dickleibigen Sonntagsbeilagen keinen Platz findet.

Die gewöhnliche Erfahrung ist diffus, im Augenblick des Erlebens durchschauen wir das Geflecht des Alltagslebens nicht, und wenn wir uns darum bemühen, es zu begreifen, meist noch weniger. Unsere Lebenserfahrung ist getrübt, wir suchen und finden die Dinge wie im Nebel.

Um unsere Erfahrung zu verstehen und sie uns wirklich anzueignen, müssen wir sie erforschen. Selbst im unbedeutendsten Gegenstand oder Augenblick kann ein tiefer Sinn aufzuspüren sein. Betrachte zum Beispiel deine Mutter, während sie dein Bett macht, die Laken langzieht, sie untersteckt und glättet. Es scheint eine gewöhnliche, alltägliche Arbeit zu sein, doch beachte die sanft gleitenden Bewegungen ihrer Hände beim Falten der Laken. Sie berührt sie, als würde in dieser treuen Gewohnheit, in diesen Laken, die Erinnerung an eine vergangene Liebe bewahrt. Die Falten dieser Laken muß man erkunden, sich die liebevollen Finger vorstellen.

Daraufhin muß man das Erfahrene in Worte fassen, da die Erkenntnis nur in dem Maß im Gedicht Gestalt annehmen wird, in dem sie zu Dichtung oder einer anderen Wirklichkeit wird.

Dann wird die dichterische Erkenntnis eine unerwartete Erleuchtung sein, nach soviel Einsamkeit und hartnäckiger Arbeit an den Worten. Es ist in der Tat schwieriger, ein Gedicht zu machen als einen Apfel zu essen – wie irgendein englischer Dichter sagte –, doch es ist auch schwieriger, einen Apfel zu machen als ein Gedicht zu essen.

(18. Juli)

Tuez-les tous! Dieu reconnaîtra les siens!

Nichts wurde gerettet,
weder Altar, noch Kreuz.
Guillermo von Tudela

Im Juni des Jahres 1209 versammelten sich in der Stadt Lyon die Kreuzritter gegen die albigensischen Ketzer, sie kamen aus dem ganzen Languedoïl und anderen Gegenden Europas, und von Norden nach Süden zog diese alles zerstörende Plage zur Eroberung des Languedoc.

Anfang Juli findet sich Ramoh-Roger aus dem Hause Trencavel, Vicomte der Städte Béziers und Carcasonne, am Treffpunkt des Kreuzritterheeres ein, um zu versuchen, seine Städte vor der Vernichtung zu bewahren. Als er nach Béziers zurückkehrt, erwarten ihn schon die Bewohner:

»Gibt es irgendeine Hoffnung?« fragen sie ihn.

»Kämpft bis zum Tod! Der Herr sei mit euch.«

Gegen Mitte Juli zieht der Erzbischof Reginald de Montpeyroux, der mit den Kreuzrittern ist, in die Stadt ein und ruft mit Glockengeläut alle Christen zur romanischen Kirche. »Bald werden die Kreuzritter kommen«, sagt der alte Erzbischof, »liefert die Ketzer aus, wenn ihr nicht alle sterben wollt.«

»Unsere Freunde verraten?« antworten einstimmig die Christen der Stadt. »Lieber sterben wir auf dem Meeresgrund.«

Am fünfundzwanzigsten Juli greifen die Kreuzritter die Stadt an, die Riegel der alten Türen fallen schnell, und die Waffen der Kreuzritter strecken alle Bürger nieder, Straße um Straße, Haus um Haus, ohne nach Christen oder Ketzern zu fragen, einen Fluß aus rotem und schwarzem Blut hinterlassend. Einer der Kreuzritter wendet dem päpstlichen Vertreter gegenüber ein, daß die meisten Bürger Christen seien.

»Tötet sie alle!« antwortet dieser. »Gott wird die Seinen erkennen!«

Und die Straßen und Treppen bedecken sich mit Toten, Blut strömt die Hänge hinab, später bemächtigt sich das Feuer der Häuser und der ganzen Stadt. Dies ist Béziers, im Sommer 1209. Wie die Legende sagt, verdunkelte der Rauch die Sonne.

(19. Juli)

Entfernte Rufe

Schon seit fünf Monaten sind wir in Isolationshaft, und wir kommen fast nie aus den Einzelzellen heraus. Die Tage entgleiten uns auf absurde Art und Weise. Von Zeit zu Zeit geschieht etwas, das das träge Dahinrinnen der Zeit unterbricht.

Heute zum Beispiel, als es Nacht wurde. Türenschlagen, die Schritte der Schließer und, plötzlich, Zischen von Sprühdosen. Irgendein Schließer sprüht dieses Gas, mit dem sie einen bewußtlos machen, ins Innere einer Zelle.

»Hör mal, warum versprühen sie dieses Gas?« frage ich den von nebenan, wobei ich mich dem Fenster nähere.

»Ich weiß nicht, irgendein Vergeltungsakt.«

Lärm von Türen, von Sprühdosen, von Beschimpfungen. Auch meine Tür wird geöffnet, eine von einer Hand gehaltene Sprühdose erscheint, und ich muß die Augen schließen.

Brennen in der Nase, in der Kehle und in den Augen. Flüche und eine furchtbare Ohnmacht angesichts unserer Bewacher und wenig Lust, mit dem Schreiben weiterzumachen. Morgen werden Leute aus unserem Land in die Umgebung des Gefängnisses kommen, wie jeden Samstag.

Wieviel Wärme und Rückhalt sie uns mit ihren entfernten Rufen bringen! Mit diesen Schreien, die von den Schließern nur als Drohungen aufgefaßt werden. Doch nun, da die Nacht hereinbricht, hört man hier keinen Laut mehr, nur noch das Geräusch der Mäuse, dieser Mäuse, die sich beharrlich durch die Wände fressen.

(20. Juli)

Über die Stille

Die Stille wird durch ihre Beziehung
zu den Wörtern bestimmt,
so wie die Pausen in der Musik bekommt sie einen Sinn
durch den Notenreichtum um sie herum.
Die Stille ist deshalb ein Moment der Sprache,
zu schweigen bedeutet nicht, zu verstummen,
es bedeutet, nicht sprechen zu wollen,
d.h. mit dem Sprechen fortzufahren.
J.P. Sartre

Beim Schreiben dieser Art Tagebuch habe ich sehr wenig von meinem Leben erzählt, ich habe auch wissentlich viele wichtige Dinge, die während dieser Monate in meiner Umgebung geschehen sind, verschwiegen.

An manchen Tagen habe ich nichts geschrieben, an den Stellen, die diesen Tagen entsprechen, müßten weiße Blätter sein, doch das ist unmöglich, denn alle Texte dienen genau dazu, dieses Weiß der Stille zu überdecken.

Es scheint ein Widerspruch zu sein, von der Stille zu sprechen, wenn die Stille sich nur im Schweigen formt. Doch nur durch Worte können Überlegungen dargestellt werden. Ich werde, nichtsdestotrotz, diese letzten Worte mit leiser Stimme sagen, so wie ich auch alle vorherigen mit leiser Stimme geschrieben habe, fast im Flüsterton, damit nicht auch sie in der Welt des Lärms verlorengehen.

Wir leben tatsächlich in einer geschwätzigen und geräuschvollen Zivilisation. Die Zeitungen, die Radios, die Fernseher und all das umgeben uns mit ihrem ununterbrochenen Wortschwall, und das Getöse füllt lückenlos unseren Alltag.

Doch in diesem unermeßlichen Drama der Zivilisation sind wir nicht nur Opfer. Jeder einzelne von uns beteiligt sich an dem Rummel und trägt seine schrillen Töne dazu bei, denn auch wir sind Schöpfer dieses verwobenen Spinnennetzes, das uns einfängt. In eben diesem Spinnennetz verlieren wir die kristallklaren Worte, um statt ihrer tönende und pflichtschuldige Worte zu sagen.

In dieser Welt der Worte und des Geschreis versunken, mutmaßt man, daß der, der Schweigen bewahrt, unfähig sei, zu sprechen, oder daß er nicht wage, es zu tun, oder daß er nichts zu sagen habe.

Die Stille wird allein als Mangel oder Schwäche begriffen. Doch Stille kann darüber hinaus, daß sie ein Ausdruck des Mangels und der Schwäche ist, auch ein Weg sein, sich dieser Welt des Spektakels und ihrem Widerhall zu verweigern und auf andere Weise zu leben, nämlich in kreativer Stille.

Die Stille ist Sinnbild der Einsamkeit und des Friedens. Wir könnten, ohne Worte, mit dieser tiefen und feuchten Stille der Berge und der Pflanzen alle überflüssigen Worte und Geräusche der Gesellschaft auslöschen und versuchen, klarere Klänge zu finden.

Es ist nicht nur eine Seinsweise, diese pflanzliche Stille könnte eine Form der Meditation sein, und des Wachstums, gleich der Stille der Natur, gleich dem Samen, wenn die Pflanze wächst. Die Stille ist der geeignete Moment zum Reflektieren, Wachsen und Schöpfen, in dem das Knochengerüst unserer Gedanken Fleisch annehmen kann.

Folglich bedeutet Stille nicht immer Mangel oder Schwäche.

Im Menschen wohnt die tierische Stummheit, diese rohe Stille der wilden Tiere, aber auch die schöpferische Stille. Es gibt die Stille, von der José Bergamín sprach, diese taube Stille, die Same des Vergessens ist, ebenso wie eine kreative Stille der Erinnerung und der Vorstellungskraft. Die kreative Stille ist genaugenommen das, was uns befähigt, der Macht der Gewohnheiten zu entrinnen, dem Kreis der gesellschaftlich etablierten Meinungen.

Durch die Stille haben wir die Möglichkeit, vom Zug des gängigen Tumultes abzuspringen und uns selbst zu treffen. Ich glaube, es war Franz Kafka, der schrieb, daß jeder von uns ein inneres Zimmer hat, und wenn du dir in der Stille der Nacht die Ohren mit den Händen bedeckst und die Augen nach innen wendest, wirst du das Geräusch des Spiegels hören, der an der Wand deines inneren Zimmers hängt und sich bewegt. Wir müssen lernen, dieses innere Zimmer zu bewohnen, so wie diese Zelle, in der wir leben.

Die kreative Stille gleicht jener Stille der Menhire, die Jorge Oteiza beschrieb.

Sie ist Stille, doch sie spricht in Stille und verwandelt sich sporadisch in eine klare Stimme. Die kreative Stille ist die Fortführung der Sprache, das tiefgehende Moment der Sprache, mehr noch, die ideale Sprache: zeitlos, unendlich, vollkommen. Unsere gewöhnlichen Worte sind, im Gegensatz dazu, vergänglich, beschränkt, unvollkommen. So ist also dies das höchste Ziel unserer Sprache: daß die Worte der Stille glichen, in unserer Stille die Sprache ganz zu finden.

Als ob es einer philosophischen Rechtfertigung bedürfte, um zu schweigen.

(22. Juli)

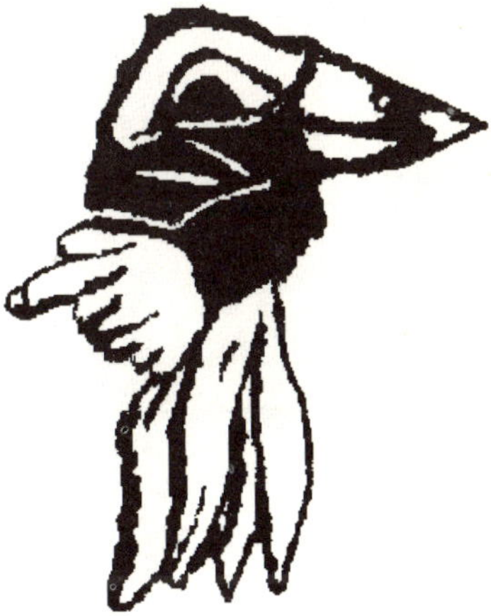

Anmerkungen:

In der Regel wurde im Text die baskische Schreibweise der Eigen- und geografischen Namen benutzt, so z.B. *Donostia* für San Sebastián, *Bilbo* für Bilbao oder *Iruñea* für Pamplona. Gleiches gilt für die Schreibweise der vier südbaskischen – *Gipuzkoa, Bizkaia, Nafarroa* (Navarra) und *Araba* (Alava) – und drei nordbaskischen (z.B. *Zuberoa* für Soule) Provinzen. Nord-Euskadi wird auch als *Iparralde* bezeichnet.

25. Januar:
Gabriel Aresti – (1933-1975), der ›Klassiker‹ der modernen baskischen Poesie; veröffentlichte u.a. *Harri eta Herri* (Stein und Volk, 1964) und *Euskal Harria* (Der baskische Stein, 1967).
Bernardo Atxaga – geb. 1951, der im Ausland bekannteste baskische Schriftsteller. Auf Deutsch erschien von ihm der Roman *Obabakoak*. Wie »Sarri« Mitglied der Gruppe *Pott* (Mißerfolg).
Nikolas Ormaetxea – Pfarrer, genannt »Orixe«, gehörte zu der 1927 gegründeten Gruppe *Euskaltzaleak* (Freunde des Euskara), die eine Erneuerung der baskischen Poesie anstrebte. Zu dieser Gruppe zählten ebenfalls der jungverstorbene X. Agirre »Lizardi« sowie E. Urquiaga »Lauaxeta« und José de Aritzimuño »Aitzol«, die nach dem Sieg Francos im spanischen Bürgerkrieg erschossen wurden.
Bertsolarismus – bezeichnet die Stegreifdichtung der *bertsolaris*, ›Barden‹, die auf der Basis überlieferter rhythmischer und melodischer Strukturen Verse improvisierten. Der Bertsolarismus beeinflußte auch die moderne baskische Lyrik, häufig auch vertont in Liedertexten.

10. Februar:
Pierre Topet Etxahun – (1786-1862), romantischer Dichter aus Nord-Euskadi. Sein abenteuerliches Leben wurde selbst zum literarischen Gegenstand.

12. Februar:
Benito Lertxundi – politischer Sänger aus den 60er Jahren, der auch traditionelle baskische Lieder aus dem 15. und 16. Jahrhundert singt.
Xabier Amuriza – Bertsolari, Pfarrer, unter Franco im Gefängnis.

24. Februar:
Enrique Casas – auf ihn verübten die CAA (Comandos Autónomos Anticapitalistas), eine autonome bewaffnete Organisation, ein Attentat.

26. Februar:
Wahltag – spielt auf einen Mordanschlag der GAL einen Tag vor den Wahlen an.

14. März:
Joanes de Leizarraga – protestantischer Pfarrer, seine Bibelübersetzung (erschienen 1571) trug wesentlich zur Entwicklung der baskischen Schriftsprache bei.

16. März:
J.L. Alvarez Emparanza – genannt »Txillardegi«, geb. 1929, war Mitglied der Gruppe Ekin, aus der später die ETA hervorging. Als Schriftsteller und Sprachforscher hat er zur Erneuerung der baskischen Sprache beigetragen. Heute Mitglied von Herri Batasuna.
Axular – bedeutendster baskischer Schriftsteller des 17. Jahrhunderts.

23. März:
GAL – Grupo Antiterrorista por la Liberación (Antiterroristische Gruppe für die Befreiung), paramilitärische, von der spanischen PSOE-Regierung geheim finanzierte Organisation, die von 1983-1987 in Iparralde (Nord-Euskadi)

agierte und in dieser Zeit 27 Morde an baskischen Flüchtlingen beging und mehrere Dutzend verletzte.

Nach dem Rückzug der GAL begann die französische Regierung als Gegenleistung vermeintliche ETA-Mitglieder an den spanischen Staat auszuliefern, ein völlig neues Geschehen zwischen beiden Staaten.

13. April:
Ezkurdi – wörtlich: Steineichenwald; zugleich Name eines Parkes in Durango.

26. April:
Dame von Anboto – Figur aus der baskischen Mythologie, wohnt in einer Höhle des Berges Anboto in der Nähe von Durango.

30. April:
Sabino Arana – Begründer des bürgerlichen baskischen Nationalismus, auf den sich auch die PNV bezieht. Er berief sich auf Gott und die alten Gesetze (Jaungoikua eta Lagizarra – JEL). Daher werden seine Anhänger *jeltzales* genannt. Die baskische Linke bezeichnet sich in Abgrenzung dazu als *abertzale*.
Alboka – kleines Horn, typisches baskisches Musikinstrument.

4. Mai:
Gedichtübersetzung: »Saudades, nur Portugiesen/ fühlen sie wirklich tief/ denn sie haben dieses Wort/ um zu sagen, daß sie sie haben.«

7. Mai:
Üskaa: Name des Baskischen in der Provinz Zuberoa (Soule); *manexak*: Name, mit dem die Bewohner von Zuberoa Menschen anderer baskischer Dialekte bezeichnen.

13. Mai:
Julio Caro Baroja – Anthropologe, der die baskische Kultur und Mythologie erforschte.

17. Mai:

Gero – das klassische Werk von Axular, erschienen 1643.
Pablo Pedro de Astarloa – gehört zu den sogenannten *apólogos* (Apologeten) des 17. und 18. Jahrhunderts, die – zumeist als Pfarrer – die baskische Sprache pflegten.
Agustin Txaho – romantischer Schriftsteller des 19. Jahrhunderts.
Pio Baroja – Onkel von Julio Caro Baroja, baskischer Schriftsteller.
Bidasoa – Grenzfluß zwischen Nord- und Süd-Euskadi.
Jon Mirande – wegen seiner politisch oft reaktionären Anschauungen äußerst umstrittene Figur, beeinflußte als bedeutender baskischer Schriftsteller Iparraldes gleichwohl die jüngere Generation der Literaturschaffenden. Starb 1972 durch Selbstmord.
Basajaun – Figur aus der baskischen Mythologie. Er ist ein Riese, der in den Wäldern wohnt, daher sein Name, der wörtlich »Herr des Waldes« bedeutet.

10. Juni:

Die Züge fahren... Unter dem Gefängnis von Herrera de la Mancha verläuft eine Bahnstrecke.

15. Juni:

Heute morgen ... Bei den erwähnten Mordanschlägen handelt es sich um Aktionen der GAL.

23. Juni:

die andere Seite – Iparralde, die drei nördlichen Provinzen des Baskenklandes, werden in der Umgangssprache »die andere Seite« genannt, da sie sich auf der »anderen Seite« der Pyrenäen befinden.

Anjel Rekalde
Herrera de la Mancha
Aufzeichnungen eines baskischen Gefangenen

Anjel Rekalde Goikoetxea, geboren 1957 in Tolosa (Euskadi), wurde mit 16 Jahren durch die franquistische Polizei verhaftet und verbrachte einige Wochen im Gefängnis. Ein Jahr später wird er erneut verhaftet, nachdem eine Massenflucht politischer Gefangener aus dem Gefängnis von Matutene scheiterte. Nach dem Beginn der sogenannten Demokratisierung flüchtete er nach Iparralde (Nord-Euskadi). Dort lebte er drei Jahre, bis er 1981 von der Guardia Civil in Eiber unter dem Vorwurf der Mitgliedschaft in der ETA verhaftet und verurteilt wurde. Seitdem sitzt er in spanischen Haftanstalten.

1983 wurde die Mehrheit der baskischen Gefangenen in den neuerbauten Hochsicherheitsknast von *Herrera de la Mancha* verlegt, der auch nach der späteren Zerstreuung der Gefangenen auf andere Gefängnisse ein Symbol für Repression und Widerstand blieb. Im Buch beschreibt Anjel Rekalde seine Zeit in Herrera de la Mancha.

»Wenn der Leser das Buch schließt, wird er die Vielfalt der Politik der Zerstörung verstanden haben, den von ihr angerichteten Schaden und die Vernichtung, die sie zum Ziel hat; er wird aber auch den Widerstand verstehen, den sie hervorruft, die Stärke derjenigen, die verzweifelt darum kämpfen, aufrecht zu bleiben und nicht umzufallen« (Aus dem Vorwort von Eva Forest).

235 Seiten   ISBN 3-929008-43-2   28,-

Neuer ISP Verlag
Kasseler Straße 1a   60486 Frankfurt/M.
Telefon 069/773045 Fax 069/773046

Verlag Libertäre Assoziation

Mauricio Rosencof
Der Bataraz
Nach dem aufsehenerregenden dokumentarischen Bericht *Wie Efeu an der Mauer* und dem Essay- und Gedichtband *Hundeleben* hat der uruguayische Autor und Mitbegründer der Tupamaros sein literarisches Meisterwerk geschrieben. Vor dem Hintergrund zwölfjähriger Isolationshaft verfaßte er einen atemberaubenden Monolog, in dem die Grenzen zwischen Realität, Traum und Halluzinationen verwischen.
160 Seiten, gebunden   ISBN 3-922611-47-8   24,-

Nanni Balestrini
Der Verleger
Der Tod des italienischen Verlegers und Revolutionärs Feltrinelli, der bei einem Bombenanschlag auf einen Strommasten ums Leben kam, war für die italienische Linke ein Wendepunkt. Die Atmosphäre der frühen 70er Jahre in Italien hat Nanni Balestrini hier in literarisch kunstvoller Weise eingefangen.
164 Seiten   ISBN 3-922611-23-0   20,-

Nanni Balestrini
Die Unsichtbaren
Das Buch schildert den Aufbruch der »77er Generation« in Italien, die Radikalisierung der Kämpfe und die Repression des Staates, der Hunderte von Militanten in den Knästen einbetonierte. Ein Roman und ein politisches Geschichtsbuch zugleich.
438 Seiten, gebunden   ISBN 3-922611-33-8   18,-

Verlag Libertäre Assoziation

Paco Ignacio Taibo II
Vier Hände
Stan Laurel und Pancho Villa, Trotzki und die Sandinistas, zwei Journalisten, die auf dutzenden von internationalen Flughäfen übernachtet haben, immer auf der Suche nach Exklusivinterviews und den nötigen Dollars; ein Desinformationsbüro in New York, in das nur durch ein Fenster hineinzukommen ist; die Schaffung der Legende für einen Drogenboss; die Dissertationsvorhaben von Elena Jordan; ein Kriminalroman, der 1939 in Coyoacan geschrieben wird ... Collagenhaft verknüpfte Revolutionsgeschichten von Querdenkern aus dem Spanischen Bürgerkrieg, aus Mexiko, Bulgarien, den USA und Nicaragua fügen sich zusammen zu einem fesselnden Roman, einem Politthriller von literarischem Rang.
Paco Ignacio Taibo II, asturianischer Mexikaner, wurde 1949 geboren. Hierzulande eher als Verfasser von Romanen bekannt, ist er in Lateinamerika ein geschätzter Autor journalistischer und historischer Arbeiten. Er wurde als bisher einziger Schriftsteller zweimal mit dem internationalen Dashiell-Hammett-Preis für den besten Kriminalschriftsteller ausgezeichnet.
ISBN 3-922611-53-2 (VLA)
ISBN 3-924737-25-8 (Schwarze Risse • Rote Straße)
ca. 480 Seiten, gebunden   ca. 38,-

**Verlag der Buchläden
Schwarze Risse • Rote Straße**

linke zeitschrift • linke zeitschrift • linke zeitschrift

ARRANCA! (*)

Arranca! ist eine Zeitschrift der Gruppe f.e.l.s. aus Berlin und erscheint alle 3-4- Monate. das Konzept war und ist es, verschiedene Bereiche wie Politik, Kultur, Interviews, Reportagen, Dokumentationen in einer Zeitschrift unterzubringen - Politik zu machen heißt nicht, nur über Politik zu reden und sonst nichts... es gibt eine Redaktion, die Artikel schreibt und diskutiert, aber es schreiben auch Leute außerhalb der Redaktion für die Arrana! - wenn ihr also etwas zu sagen habt, dann schickt es uns, wir freuen uns!! Der Redaktionsschluß für die nächste Nummer steht jeweils in der aktuellen Ausgabe.

(*) arranca, (span.): losmachen oder starten, anfangen, d.h. eigentlich im Imperativ: „leg endlich los"

bisher erschienen:

Nummer 0 **ORGANISATION** Nummer 1 **LERNPROZESSE** Nummer 2 **MEDIEN** Nummer 3 **LINKE UND MILITANZ** Nummer 4 **RESUMEE – BIS HIERHER UND WEITER** Nummer 5 **KNIVES & ROSES** Nummer 6 **REALSOZIALISMUS** Nummer 7 **REALSOZIALISMUS(II)**

REDAKTION, ABOS UND UND VERTRIEB: ***ARRANCA!*** C/O LAZ • CRELLESTR. 22 • 10827 BERLIN • KNTNR. 184087900 • BLZ 100 200 00 (BERLINER BANK) • EMPFÄNGERIN: LAZ • PREIS: 6 DM + PORTO